中国

100均の里・義烏と古都・洛陽を訪ねて

（100円ショップ）

宮脇　　理

佐藤　昌彦

徐　　英杰

若林矢寿子

はじめに

宮脇　理

　「ものづくり」のあり方を考えたり、発言する時、いつも脳裏に浮かぶのはアメリカ映画の『モダンタイムス』(資料①)と、・・・・飛躍するが、時折り想い出すのがNHKテレビ(録画)にて視る『おしん』(資料②)の食事風景です。

　『モダンタイムス』(MODERN TIMES 1936)についての評価の多くは、(近代文明批判)が中心なのですが、私(宮脇)が子どもの時から幾度となく視てきた印象は、チャールズ・チャップリンの楽しそうな動きや、チャップリンが乱舞するメカニックな工場のシーンでした。
　確かに、怒濤のように"文明"という名の"機械化"の波が世間に押し寄せた1930年代は、演出したチャップリンの思惑通りの、限りない人間の空想的未来の"功罪"を暗示させています。が、当方が映画から感じたチャップリンのウキウキしたアノ様子は、一世紀近くを経たイマ現在を超えると、もっと大きな規模で(デジタル化)が進むのでしょうか?
　一方、後者の『おしん』に登場するのは、極貧農家の生業(なりわい)から生まれた生活用具です。貴重な(お米)を増量して食べるために、安価な大根を刻む道具の名は(かて切り)。このことは、本誌の共同執筆者の(佐藤)が巻末に詳細を載せてありますのでご覧下さい(資料③)。

　さて、イマ中国は【リオリエント】(資料④)の意思を背景にして、(超現代)を具現化する方向として(一帯一路)に臨んでいます。それでは、それと併走する百均の里、義烏へ・・・。

■ 目次

はじめに
　宮脇　理——2

1．義烏への関心
　宮脇　理——5

2．福田市場へ行く（2013 年 9 月 12 日）
　佐藤昌彦——9

3．義烏市"塘李小学校"訪問（2013 年 9 月 13 日）
　佐藤昌彦＋徐　英杰（Interpreter）＋宮脇　理——21

4．塘李小学校における剪紙（せんし／切り紙）の授業
　佐藤昌彦＋徐　英杰（Interpreter）＋宮脇　理——27

　■宮脇の独白／monologue ／
　　宮脇　理——64

5．義烏"再訪"と洛陽訪問（2019 年 4 月 22 日〜 29 日）
　佐藤昌彦＋徐　英杰（Interpreter）＋宮脇　理——67

　■義烏"再訪"／「匠の精神」を巡って
　　宮脇　理——76

　■中国高速鉄道の現在と未来（徐　英杰）
　　徐　英杰——79

6.　若林社長（株式会社ボンテン）との Talk 対談
　　若林矢寿子＋宮脇　理（聞き手）＋佐藤昌彦（編集）――85

7.　"塘李小学校" 再訪問（2019 年 4 月 25 日）
　　佐藤昌彦＋徐　英杰（Interpreter）＋宮脇　理――111

　■**移動して懇談**
　　佐藤昌彦――158

8.　若林社長と福田市場付近探訪 Report
　　佐藤昌彦＋宮脇　理＋徐　英杰（Interpreter）――161

9.　洛陽へと回遊
　　徐　英杰＋宮脇　理＋佐藤昌彦――173

10.　これから・・・・次は？・・・・・
　　宮脇　理――185

11.　謝辞も含めて／Report
　　佐藤昌彦＋宮脇　理――191

資料――197

執筆者一覧
　　宮脇　理――214
　　佐藤昌彦――214
　　徐　英杰――214
　　若林矢寿子――214

1．義烏への関心

宮脇　理

一般大衆が使う日用雑器こそは、名づければ民具・民芸品であり、広義の工芸(品)の基本と云えましょう。したがって、これから行こうとする義烏(註1)はその発信地と思えますし、日用雑器は、"てらいのない"「正直な知恵」を発想としていますから、人間が地球の地上に寄り添いながら、細やかに作り上げた「生産物/モノ」だと思えます。

　そこには生活に必要な基本が総体的に含まれています。その意味で好適な一例をあげるならば、沖縄・北窯(註2、資料⑤)の親方たちが追究している器づくりの世界は、伝統に根差した嘘の無いものづくりの世界、すなわち人間がものを作るということの必要な"すべて"が象徴的な例として表れていると思います。

　それでは義烏の"福田市場"に行きましょう。

（宮脇）

【註】
1) 義烏市(ぎう-し、音声表記：イーウー)は中華人民共和国浙江省金華市に位置する県級市。総人口123万人(2010年)。日用品の卸売市場が多く立地し、世界的な日用品取引の中心地です。
　古くから農業が発達し、水稲、サトウキビなどが栽培されています。金華火腿(きんかかたい／日本では金華ハムともいう)の名産地にもなっています。地名は、顔烏という男が父親を亡くし埋葬しようとすると、からすが飛んできてくちばしを傷つけながら埋葬を手伝ったという言い伝えによります。春秋時代、前621年に越が国都を嶕峴に遷都、これが現在の義烏市です。2002年に開業した義烏国際商貿城(福田市場)、中国小商品城、賓王市場の三つの大規模日用品の卸売市場が立地しており、中国東部最大の物流基地になっています。
　世界中のバイヤーも多く訪れ、日本の100円ショップ等の商品のうち、中国産のものは多くがここを通過しています。
出典：フリー百科事典『ウィキペディア(Wikipedia)』
https://ja.wikipedia.org/wiki/義烏市

2) 2017年4月、読谷山焼北窯を訪問しました。親方は次の4人です。
　松田米司氏（松田米司工房）、松田共司氏（松田共司工房）、宮城正亨氏（宮城正亨工
　房）、與那原正守氏（與那原正守工房）

２．福田市場へ行く（2013 年 9 月 12 日）

佐藤昌彦

義烏市内の中心部にあるラマダプラザ義烏ホテルから車で福田市場（義烏市場、中国義烏国際商貿城）に向かいました[1]。

　下の写真は福田市場へ向かう途中の義烏市内の様子です。

義烏市内の様子

建物の入り口（三区）

　福田市場の入り口です。建物は一区、二区、三区、四区、五区と分かれており、ここは三区の入り口になります。

建物の中に入ると、バック、時計、文具、照明器具など、様々な商品を扱うブースがたくさん並んでいました。

様々な商品を扱うブース

バック

バックを扱っているブースです。

時計

壁にかける時計や腕時計など、たくさんの時計が並んでいます。

文房具（上）　照明器具（下）

　文房具や照明器具も並んでいます。これらの他にも、玩具、望遠鏡、化粧品、眼鏡、画材、スポーツ用品など、数多くのブースがありました。

建築中の高層ビル（義烏市）

　福田市場の外に出ると、建築中の高層ビルをたくさん見ることができます。次々に新しい建物が建設されているとのことでした。

　義烏の急激な経済発展を示す証の一つでしょう。

　では、義烏の急激な経済発展の背景には何があるのでしょうか。

　伊藤亜聖氏の論文「『闇市』から『雑貨の殿堂』へ―義烏システムの形成とインパクト―」『季刊ビジネス・インサイト』（No.80、現代経営学研究所）[2)] には、三つの視点が次のように示されています。

　第一は、「ものづくりの浙江省」にある義烏市。

　浙江省にはいろいろなものづくりの産地があり義烏はそれらの窓口になったと位置づけています。

第二は、「鶏毛換糖」と呼ばれる伝統的な行商。

　義烏は伝統的に行商が盛んで数万人あるいは10万人といわれるような行商人によって市場がつくられてきたとしています。

　「鶏毛換糖」とは義烏市で取れるサトウキビで飴をつくって周辺の農村を歩いて回り他のものと交換し付加価値を付けて売るという行商を指します（たとえば鳥の毛。工芸品や肥料などに加工します）。

　第三は、闇市を認めた県書記：謝 高華氏の存在。

　「鶏毛換糖」と呼ばれる行商を見て「これは国のため。民のためだ」と考え義烏市の政府としてサポートしたといいます。

　また、行商の背景にある義烏商人の伝統的精神「四千精神」について、同じ『季刊ビジネス・インサイト』（No.80）には、松村 勉氏の講演の記録が以下のように記されています。

　　　義烏の人々がよく言う言葉に『四千精神』という言葉があります。これは、「至る所を歩き回り、口を酸っぱくして商品を勧め、あらゆる方法を講じる、百万手を尽くす、ありとあらゆる苦労をしてやっていく」ということです。

　義烏はこれまで商品の製造と貿易を中心に成長してきました。

　近年は、商品開発も重視しデザイン教育を大学に取り入れ始めています。義烏工商大学（デザイン専攻）は福田市場と連携した商品開発の場となっていました。

　さらに、義烏工業デザインセンター（代表：劉 岩松氏）への訪問では、義烏市政府と民間企業が連携して義烏市におけるデザインの発展をサポートする活動についても知ることもできました。

　なお、福田市場については、日本義烏友好協会理事長：松村 勉氏の紹介で、株式会社グローバルトゥエンティワン義烏事務所・所長：傳 晶亮氏と日本義烏友好協会義烏事務局・局長：孫 勝昔氏に案内していただきました。

【註】

1) 中国・義烏（浙江省）訪問の日程は次のとおりです。

　　2013年9/9（月）成田空港→上海浦東空港。上海・華東師範大学との研究交流。

　　　　　9/10（火）上海→塩城（江蘇省）。

　　　　　9/11（水）塩城中学校（江蘇省）・表敬訪問。塩城→上海。

　　　　　9/12（木）上海→義烏（徐氏が手配した自家用車で行きました。）。義烏・福田市場へ。義烏工商大学・中国義烏工業デザインセンター訪問。

　　　　　9/13（金）義烏の稠州中学校と塘李小学校訪問。

　　　　　9/14（土）義烏→日本・成田空港。

　　義烏訪問のメンバーは以下の3人です。

　　　　宮脇　理　Independent Scholar ／元・筑波大学大学院教授

　　　　佐藤昌彦　北海道教育大学教授

　　　　徐　英杰　筑波大学博士後期課程（当時）

　　　　　　　　　現在は、華東師範大学専任講師（中国・上海）

2) 伊藤亜聖（東京大学社会科学研究所特任助教）「『闇市』から『雑貨の殿堂』へ―義烏システムの形成とインパクト―」。義烏システム形成の背景について以下のように述べられています。

　①「ものづくりの浙江省」に位置する義烏市・・・「様々な産地が浙江省の中にあるのです。義烏というのは流通のハブになっているのですが、それぞれの製品に特化した地場産業が各地にあります。（中略）その最後のわれわれの目に見える窓口が義烏というふうに位置付けられます」（p.11.）。

　②「鶏毛換糖」と呼ばれる伝統的な行商・・・「義烏は伝統的に行商が盛んで、およそ数万人あるいは10万人と言われるような行商人がいて、彼らが雑貨の商人となり、そこから市場が自然発生的に生まれたと言われています。義烏市ではサトウキビが取れますから、サトウキビからあめを作ります。（中略）あめを持って周辺の農村を歩いて回って、何か物と替えてもらいます。たとえば鳥の毛です。鳥の毛を集めて工芸品に加工したり、肥料にしたり、いろいろ付加価値を付けて売ります。これが清代から続いていたと言われる『鶏毛換糖』と呼ばれる行商です」（p11）。

　③闇市を認めた県書記：謝高華氏の存在…「義烏の場合、謝高華さんという改革開放の直後の県書記が1982年に闇市の存在を認めたのが非常に大きかったと言われています。当時は1978年の鄧小平の改革の後の1980年代前半ですから、社会主義計画経済の色濃い、つまり勝手に物を作って売ったりしたら『それは資本主義のしっぽだ』と言って批判された時代です。その当時、この方は義烏市の県書記に着任されて義烏の現地調査をして、この"鶏毛換糖"と呼ばれる行商などを

見て、『これは国のため。民のためだ』と考え、実際に県レベルの会議で『義烏の小商品経営は悩みの種ではない。一大優位性だ』と言ったところ、非常に反響が大きかった。ここから、他の地域に先駆けた地域経済発展が胎動していきます（その後も義烏市の政府はサポートを続け、市場の隣で輸出の手続きができるようになった）」(p.12.)

（佐藤）

3．義烏市"塘李<ruby>塘李<rt>とうり</rt></ruby>小学校"訪問
（2013 年 9 月 13 日）

佐藤昌彦
徐　英杰（Interpreter）
宮脇　理

■（佐藤）事前の準備

　学校への訪問依頼は、宮脇と佐藤が打ち合わせ、佐藤により北海道教育大学国際交流・協力センターを通して行いました（センターの担当者は国際課副課長仮谷宣昭氏）。また、訪問した学校は、義烏市の国際交流等を管轄する浙江省国家外国専家局に決定によるもの。なお、担当者は上述の副局長（Mr. XI Linping 氏）。

■学校訪問の意図は、次の二つの問いの検討にあることを事前に連絡。（以下はママ転載）。

＊世界最大級の日用雑貨市場：中国・義烏での急激な多量生産に対して学校のものづくり教育はどう対応しているのか。

＊それを踏まえれば次世代ものづくり教育の基盤に何を位置付ければいいのか。

※現地での学校への案内は義烏市国際部と義烏市教育局によって行われました。

■塘李小学校での懇談と（宮脇）のまなざし／授業参観

　塘李小学校では校長初め教員全員と義烏市教育局の職員と私達（佐藤昌彦＆徐 英杰＆宮脇 理）が会議室にて造形教育について懇談しました[1]。佐藤から日本の小学校と中学校の教科書を謹呈しました。懇談会にて宮脇からは、（1．義烏への関心）について述べた内容につづけて・・・・・。

■（宮脇）からの発言

　さて、・・・・「先ほど、私たちは噂に聴く福田市場を看てまいりました。将に気宇盛大にして、如何にも中国の現在を象徴する場面に遭遇して、一般大衆が使う日用雑器満杯の規模には驚かされました」。・・・を前振りとして、次いで前段の「一般大衆が使う日用雑器」、「民具・民芸品」、「広義の工芸（品）の基本」、「義烏はその発信地」と思えますと続けました。

続けて、日用雑器「正直な知恵」が満ちていることに着目し、それを学校教育に繋げることに気づいたのが 19 世紀初頭、フィンランドのウノ・シグネウス（Uno Cygnaeus、1810-1888）の教育方法に関心を抱き続けてきましたと述べ、さわりの箇所として、機械が手の代わりをするその象徴的な第 1 次産業革命による社会の変革が進むなかで、教育はどのように人間を育てるべきかという課題が浮上したわけです。これに対して、小学校の教育者（director）であるシグネウスは社会、そして人間が崩れる崩壊感覚にも似た危機感を抱き、ものづくり教育の着想を逸速く掴み、提案したのです。

　それは、ものづくり教育を行う時に、まずは、先人の作った遺作（もの）を、如何にそっくりそのまま伝えていくかという点に重点を置く教育方法に着目したのです（将に模作ですが・・・）。

　彼（シグネウス）の考え方には神・自然・人間を一体化するドイツのフレーベル（Friedrich Wilhelm August Fröbel、1782-1852）の自然主義思想に影響を受けているように思われます。フレーベルがそうであったように、分析的なアプローチよりも前に、まずは先人の知恵の総体：block を認識する方法をとること、全体像を掴ませる方法を考案したのでしょう。（如何にそっくりそのまま）を伝えていくのかというのがソレです。

　フレーベルは、神学的世界観を反映した全体への接近でしたが、シグネウスがテーマとしたのは、当時、社会的に台頭してきたテクノロジーという考え方に対置する捉え方でした。彼はテクノロジーというものに対して、部分的な分析や学習より教育の全体性を重視したのです。このような考え方は、現代の工作や工芸教育の出発点であると云ってもよいでしょう。

　一方、それと異なるもうひとつの展開が、部分的に知識の組織化を重視するスウェーデンのオットー・ソロモン（Otto A.Salmon、1849-1907）です。この両者はいわゆる工芸教育の分岐点に位置するように思われます。ものづくり教育はどのように教えるべきか、部分的に分析して教えたほうが良いのか、あるいは常に総体的に教えるためのプランを追究すべきなのか。私は、産業革命以降の社会的変革期に起きた先人達のこうした模索の方法を、現代に照

らしながら、吟味すべきであると思います。

（宮脇）

【註】

1) 徐 英杰…先述しましたように、徐氏は、当時、筑波大学大学院博士後期課程在学中
でした。現在は、華東師範大学（専任講師、中国・上海）に勤務しています。

4．塘李小学校における
剪紙（せんし：切り紙）の授業

佐藤昌彦
徐　英杰（Interpreter）
宮脇　理

福田市場見学の後は、いよいよ塘李小学校へ向かいます。

世界的な日用雑器の発信地である義烏の小学校では、どのような授業が行われているのでしょうか。

塘李小学校（義烏市）

校内に入ると、剪紙（せんし／切り紙、用具／はさみ、小さい小刀）作品[1]
が多数展示されていました。剪紙の代表的な図案は、動物、植物、人物、風景、
文字です。それらには、「健康・長寿・子宝への期待・子孫繁栄・円満な家庭
など、人々の幸せを願う心が込められています」とのことでした。

剪紙（せんし／切り紙）作品

塘李小学校での剪紙に関する活動を撮影した写真もたくさん展示されています。

塘李小学校での剪紙に関する活動

教室では、剪紙に関する授業が始まろうとしていました。

材料は紙一枚。用具ははさみひとつです。

前面のスクリーンには、「蝴蝶剪紙」と表示されています。

塘李小学校での剪紙に関する活動

授業のねらいの確認

　自然の中で生きる様々な蝶の姿を映し出しています（上）。そして、蝶を
テーマとした生活の中の造形について学んでいます（下）。

蝶の輪郭を切り取る（教師の示範）

剪紙で使用するはさみ
（手を入れるところが、使いやす
いように大きくなっています。
とても感心しました。）

　子どもたちがつくる前に、教師が最初の段階を実演しています。

　最初の段階とは、紙を半分に折り、折り目からはさみを入れて蝶の輪郭を
切り取っていく段階のことです。

輪郭を切り取った蝶の事例

輪郭を切り取った蝶の事例がスクリーンに映し出されました。

蝶に見えるための条件を確認する

蝶に見えるための条件を確認しています。

最低限つくる部分は次の三つです。

　　　　○　体

　　　　○　羽根

　　　　○　触覚

蝶の模様に関する参考作品を提示する

蝶の羽根の模様に関する発想例を参考作品で確認しています。

基本的な模様を提示する

多様な模様を生み出すための基本的な形についても確認します。

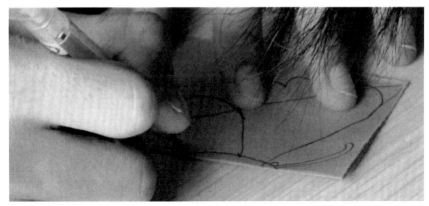

おおよその形を描く

　子どもたちが制作を開始します。まず色画用紙を準備します。次にその色画用紙を半分に折ります。そして折った紙の片側におおよその形を鉛筆で描きました。

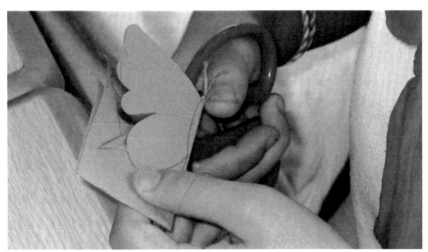

折り目からはさみを入れて輪郭を切り取る

折り目からはさみを入れて輪郭を切り取ります。

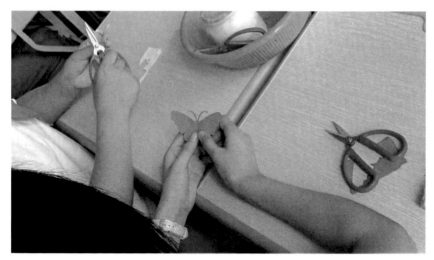

開く

開きます。じっと見て切り取る模様について考えます。

模様を切り取る

蝶の模様を切り取りました。

完成した作品を展示する

完成した作品を展示します。

制作後、今回の授業で学んだことは普段の生活でどう生かすことができるのかという事例がスクリーンに映し出されました。

蝴蝶剪紙と生活とのつながり（1）

蝴蝶剪紙と生活とのつながり（2）

小さな小刀で制作する様子も見ることができました。

小さな小刀での制作の様子（1）

小さな小刀での制作の様子（2）

塘李小学校には「剪紙陳列室」が設置されています。

　学校と剪紙の関係、剪紙の歴史、各地域の剪紙の特色（浙江剪紙、山西剪紙など）についての資料が展示されていました。伝承剪紙や創作剪紙に関する数多くの作品も展示されていました。

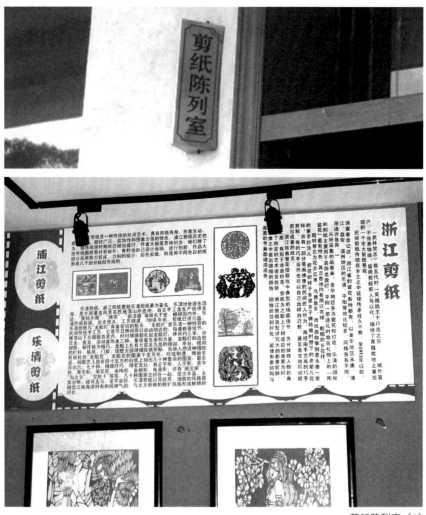

剪紙陳列室（1）

剪紙陳列室（2）

剪紙陳列室（3）

剪紙陳列室（4）

剪紙陳列室（5）

剪紙陳列室（6）

義烏市国際部長、義烏市教育局、塘李小学校の校長先生初め教員の皆様との懇談の様子です。

懇談の様子

　塘李小学校の校長先生からは、学校の歴史、剪紙に関する活動などについて紹介していただきました。剪紙の授業を担当した先生からは、授業の意図とともに、自校で作成した「剪紙テキスト」について教えていただきました。「テキストは、子どもの発達段階に合わせて、低段・中段・高段というように３冊に分けています」、「授業で取り上げた蝴蝶剪紙は、低段や中段のテキストに掲載されている対称剪紙（折畳剪紙）のひとつです」とのことでした。

　対称剪紙の種類は主に三つあります。左右対称、上下対称、三角形対称というものです。テキストには、蝶（左右対称）の他にも、水鳥（左右対称）、金魚（上下対称）、狐（左右対称）、花（左右対称）などの事例が示されていました。

「剪紙テキスト」を以下に掲載します。まず「低段」の剪紙テキストです。

義烏市塘李小学
剪紙校本教材
（低段）

義烏市塘李小学　編

剪紙テキスト（低段）

次は「中段」の剪紙テキストです。

義烏市塘李小学

剪纸校本教材

（中段）

义乌市塘李小学　编

剪紙テキスト（中段）

そして「高段」の剪紙テキストです。

義烏市塘李小学
剪紙校本教材
（高段）

義烏市塘李小学　編

剪紙テキスト（高段）

校内に展示されている剪紙作品

塘李小学校での懇談を終えて学校の外に出ると、剪紙を活用した環境づくりの様子を見ることができました。

剪紙を活用した環境づくり

塘李小学校での剪紙の授業を端的に表現すれば、

世代を超えた叡智の受け渡し

と言うことができます。理由は主に三つあります。

第一は、中国の人々の美意識や手工芸技術を追体験する場になっていたからです。剪紙テキスト（低段）には、剪紙が「中国の伝統的な民間芸術」として示されていました。

このことについて、王海霞（おう かいか）主編、周佳（しゅう か）編著、張京花（ちょう きょうか）訳『中国無形文化遺産の美 剪紙 切り絵の寓意を読み解く』（科学出版社東京、2016）には、次のように述べられています[2]。

> 中国の切り紙、剪紙は、はさみや小刀で、紙などの薄手の素材に透かし模様を切り出したものです。剪紙は伝統的な民間芸術として、その歴史は古く、題材は多様で、作品にはいろいろな寓意が込められています。剪紙は、身近な材料と道具により、生活のあらゆる場面を飾る図案が作れるので、昔から庶民に愛されており、そのことは遺跡などからも確認することができます（「1.剪紙の歴史」）。

そして以下のようにも記されていました。

> （剪紙に関わって）世界の国々はそれぞれ独自の文化を有しており、中国の民間文化は中国人の母体となる文化で、その力により、中国文化の伝統は途切れることなく数千年も続いてきました。中国の民間文化には、人々の生活観、美意識や理想、精神や感情が内包され、文化的遺伝子として受け継がれ、世界でも類い稀なる独自の輝きを放っています（「序文」：王文章、中国芸術研究院院長、中国無形文化遺産保護センター主任）。

また、剪紙テキスト（低段）には、はさみを扱う際の基本的な技術が示されています。これらのことを踏まえれば、塘李小学校での剪紙の授業は、中国の人々の美意識や手工芸技術を追体験する場になっていたと言うことができ

ます。

　第二は、自然の姿に学んで、新たなものを創造する場になっていたからです。

　「自然の姿に学んで」とは、子ども自身が見たこともないような蝶の形を創造する前に、自然の中の蝶の姿に学ぶという段階が授業の中に位置付けられていたからです。その状況に関する2枚の写真を下に掲載しました。

自然の中の蝶の姿

　「新たなものを創造する場となっていた」とは、授業の中で蝴蝶剪紙に関する多様な作品が生まれていたという事実を指しています。

　その背景には下に記したような考え方があったのではないかとも推測しています。

　蝴蝶剪紙をつくる際に、切り取る模様の形が思い浮かんだときには、紙を

閉じてその形を切り取ります。思い浮かばないときには、紙を閉じてともかくひとつの模様の形を切り取ってみます。そして紙を開き目の前の形をじっと見て次にどうするかを考えます。たとえば、「たりないものはないか」、「次にどんな形を切り取ればいいのか」などと考えてみるのです。この繰り返しで蝶の形を明確にしていきます。

　言い換えれば、つくろうとする形が思い浮かんだときには、「発想からかたちへ」という方向で考え、思い浮かばないときには、「かたちから発想へ」という方向で考えるということです。「発想からかたちへ、かたちから発想へ」という双方向共存の考え方を指しています。その中心軸は価値観です。いろいろな発想が生まれたときに、「どれを選択するのか」という最終判断は自らの価値観に基づいて行うからです。こうしたことを踏まえ、自然の姿に学んで、新たなものを創造する場になっていたと考えました。

　第三は、先人が剪紙に込めてきた意味（人々の幸せを願う思い）を学ぶ場となっていたからです。
　「先人が剪紙に込めてきた心」（人々の幸せを願う思い）とは、前述した剪紙に関する文献『中国無形文化遺産の美 剪紙 切り絵の寓意を読み解く』の題名にある「切り絵の寓意」と直結します。先に述べた「剪紙の歴史」の中の「題材は多様で、作品にはいろいろな寓意が込められています」という文章にもつながります。
　また、上河内美和『しあわせを願う形、88種170図案 かわいい中国の吉祥切り紙』（誠文堂新光社、2013）には、寓意について以下のように述べられています[3]。

　　中国では、昔から、主に農村の女性たちによって伝えられてきた切り紙があります。「剪紙（せんし／ジィェン・ジー）」と呼ばれるこの伝統的な民間芸術は、花や動物、暮らしの道具や物語などをはさみで切り出したもので、そこには、さまざまな寓意がこめられています、図案にこめられた意味を読み取るおもしろさ、

まるで誰かにお話を聞かせてもらっているようなもの。円満な家庭や健康、長寿、子宝への期待、富への憧れ、出世の望みなど、幸せを願う素朴な想いを、それぞれのモチーフが、切り紙の言葉となって語っているのですから。

こうした剪紙に込められてきた意味（人々の幸せを願う思い）は、塘李小学校の剪紙テキスト（低段）に3頁にわたって掲載されていました。「蝴蝶」の意味についても、「夫婦円満、相手を思いやる一途な気持ち、長寿」と記されています。これらのことを踏まえて、先人が剪紙に込めてきた意味（人々の幸せを願う思い）を学ぶ場となっていたと考えました。

以上、剪紙の授業を参観しての感想を、「世代を超えた叡智の受け渡し」と言う言葉で示すとともに、その主な理由を三つ提示しました。このことは冒頭の宮脇 理先生の次の文章に直結します。

　　小学校の教育者：directorであるシグネウスは社会、そして人間が崩れる崩壊感覚にも似た危機感を抱き、ものづくり教育の着想を逸速く掴み、提案したのです。それは、ものづくり教育を行う時に、まずは、先人の作った遺作（もの）を、如何にそっくりそのまま伝えていくのかという点に重点を置く教育方法に着目したのです（將に模作ですが・・・）。
　　まずは先人の知恵の総体：blockを認識する方法をとること、全体像を掴ませる方法を考案したのでしょう。（如何にそっくりそのまま）を伝えていくのかというのがソレです。

自らが材料に手を加えて作品を完成させるというものづくりの過程を追体験すること、それは同時に自立の精神を育むものであり、剪紙に込められてきた自他の幸せを願う先人の思いを学ぶことは同時に協調の精神を育むことにつながっていきます。
　自立と協調は、人間の成熟という教育の中心軸となる課題を考える上で欠かすことのできない視点です。塘李小学校での剪紙の授業は、そうした先人

の知恵の総体に子どもたちが出会う貴重な時間になったものと考えています。

【註】
1) 以下は、フリー百科事典『ウィキペディア（Wikipedia）』に掲載されている剪紙についての説明です。

　　剪紙（せんし、ジエン・ジー）は、中国の伝統的な民間芸術の切り絵細工である。黄河流域を代表例として、中国各地で作られており、地方により作風や題材、作り方、使われ方が異なるが、一般的には、花や動物、日常風景や生活習慣、物語などの図案を紙にハサミで切ったものが剪紙と呼ばれる。これに対し、小刀で切り出される切り紙細工を、特に「刻紙（クゥ・ジー）」と呼ぶが、こちらは職人が商品として発展させてきたものである。

【概説】
　　窓や天井、門、梁などの居住空間や、提灯、器などの生活用具に貼り、日常の装飾品としてや、春節（旧正月）に窓の障子紙やガラスに貼る「窓花（そうか）」、婚礼の品々を飾る「喜花」、元宵節（旧暦の1月15日）の時に提灯に貼る「灯花」、まんじゅう・卵などの贈り物に貼る「礼花」として使われる。かつては、刺繍の図案としても使われていた。剪紙の図案の中には、様々な寓意が込められており、中国の伝統的な考え方や民族、文化を垣間見ることができ、中国の人々の生活に深く根付いている。かつては、女性とりわけ農村の女性にとって花嫁修業の一つだったとの伝承もある。

【歴史】
　　その起源は古く、南北朝時代には絹や金箔に四季折々の模様を刻んで髪に飾る「花勝」の習慣があったことが南朝梁の『荊楚歳時記』に見ることができる。一方、紙の普及とともに紙を素材とする剪紙も各地に広がっていった。新疆ウイグル自治区の阿斯塘奈（アスターナ）墓群からは「章和11年」（541年）という高昌国時代の年号が記された剪紙が発見されている。明・清代になりようやく庶民の生活の中に根を下ろし、「民間剪紙」として農村の女性によって作られ発展してきた。その理由として、剪紙が刺繍の型紙の役割を持っていたということがある。刺繍の模様のことを花様（ホァヤン）という。この花様はさらに分かれ、帽花（マオホァ）は帽子の刺繍の型紙に、兜肚花（ドゥドゥホァ）は子供の腹掛けの刺繍の型紙に、枕頭花（ジェントンホァ）は枕の両端に刺繍する型紙になる。

【剪紙が作られる代表的な土地と作風】
　　剪紙が作られる代表的な土地は、中国の民間芸術の宝庫とも呼ばれる陝西省・甘

粛省・山西省・山東省・河北省などの黄河流域、安徽省・江蘇省・浙江省などの長江流域、遼寧省、吉林省、黒龍江省の東北地方、福建省、広東省などの華南地方、貴州省・雲南省の少数民族地域である［3］。土地により作風に特徴があり、大きく分けると北方は素朴な味わいをもつのに対し、南方は繊細さがあるとされる。

【剪紙の意匠と寓意】

○花・果物・野菜

「牡丹」牡丹は中国の国花であり、富貴の象徴として様々な吉祥図案に用いられる。

「蓮」蓮は「連」と同じ発音で絶え間なく生命が流れて行くという寓意をもつ。

「石榴」石榴は、果肉にくるまれた沢山の種があることから、子沢山を意味する吉祥物とされている。

「桃」長寿の象徴である。中国神話の仙女「西王母」は一口食べると寿命が600年延びるという伝統の桃を育てているといわれている。

「白菜」白菜は「発財（財産を生む）」と発音が似ているため、金運の縁起物として人気がある。民間剪紙では、子孫繁栄の意味でよく使われる。

○鳥

「カササギ」カササギは鳴き声が美しいため、喜びごとの前兆とされる。

「鴛鴦（オシドリ）」鴛鴦は、中国でも仲の良い幸せな夫婦の象徴である。

○動物

「獅子」獅子は、百獣の王であり、邪気を払う魔除けの意味をもつ。

「象」象は、吉祥の「祥」と発音が似ていることと、鼻が如意の形に似ていることから「万事如意（何事も思い通りに進む）」の寓意もある。

出典：フリー百科事典『ウィキペディア（Wikipedia）』
https://ja.wikipedia.org/wiki/ 剪紙

2) 王海霞 主編、周佳 編著、張京花 訳『中国無形文化遺産の美 剪紙 切り絵の寓意を読み解く』(科学出版社東京、2016) pp.2-8

3) 上河内美和『しあわせを願う形、88種170図案 かわいい中国の吉祥切り紙』誠文堂新光社、2013、p.4

（佐藤）

■宮脇の独白：monologue

●箭紙の想い出（塘李小学校の授業風景を看て）

急に私の脳裏に浮かんだのは、私が小学校2年の頃、「箭紙」がテーマの工作の授業に出会ったことでした。

1937（昭和12）年、当時の小学校の図画と工作は二教科であったことと、工作のカリキュラムの方向が単純な（易より難へ）設定であったのか、全教科を担任する教員にとって、工作の技術指導は比較的に容易であったようでした。折り紙を二つ折りにし、ハサミと小刀[1]の指導なども、ステップが明確なので、自信を持って子ども達に伝わったと推量されるのです。

数日後に、複雑な「箭紙」のテーマで（確か地元の夏祭りの風景だったような記憶がするが・・・）、担任から「研究会があるから放課後に創りなさい、家には連絡をしておくから・・・」と云われ、皆の居ない教室で3時間ほど制作に励んだこと、先生からの差し入れの（アンパンと瓶牛乳）が妙に美味しかったこと、そして、1人も居ない教室の寂しさとに誘われて、教室の窓から夕刻の西空に眼を向けた・・・・・。

●永遠のモダニスト：初山滋[2]と雁がねの風景

そこには、いつもとは違った風景があった。私が通っていた小学校は東京・新宿駅から2キロ程の東にあり、昭和初期に建てられ、モスグリーンに彩られたモダンな建物であった。コンクリートの校舎と、校門に入ったところの飴色の鉄製扉は、当時の日本の国力が絶頂期に向かう東京・新宿・四谷の富久小学校であった[3]。

夕暮れの窓から眺めた風景、起伏の高い台地にあった富久小学校から視た新宿方面の地平には、現在の伊勢丹と三越のみが高層建築物であり、平地を延ばした先の遠方には富士山が聳えていた。

初夏の夕暮、澄んだ東京の空、静寂と寂寥。北から南西に、ひら仮名の「く」

の字になって、夕日に染まって飛ぶ「雁がね/カリガネ」の流れ、そこには日頃、家にて見慣れていた絵本、初山滋のソレがあった。下校も忘れ、担任に急かされ家路へと学校をあとにしたが、曙橋の天空には満天の星屑と太筆にて描いたような天の川がそこにはあった（その後、宮脇は小学校から旧制中学校まで、中国の大連・瀋陽に移る）。

【註】

1) ハサミと小刀

　　剪紙に使う小刀は、普通、篆刻（てんこく）の際、印材（印鑑の石）を彫るときにつかう刀。刃の幅は細いものから太いものまで様々。（印鑑は、「印刀」（いんとう）と呼ばれる独特の道具を使って彫る）。良質な鋼で出来たもの。

　　塘李小学校で視た小刀は「印刀」（いんとう）に酷似していた。私（宮脇）が子どもの時に使用した小刀は（切り出し小刀）と呼び、朴（ホオ）の木の柄と同じ木のサックによって作られていた。印刀に比較すれば切っ先は鋭いが、大味にて詳細・微細なカッティングには適してはいない。

　　一方の塘李小学校で使われていたハサミは、手を入れる箇所に余裕があって、作業には最適と思えた。

2) 初山滋

　　参考として『初山滋―永遠のモダニスト』／著者：竹迫 祐子（河出書房新社）単行本（159ページ）が適書。ISBN：430972762X

　　大正から昭和にかけて子どもの本の世界で活躍した画家・初山滋。その流麗な線と美しく繊細な色彩は、人々を魅了し、限りない影響を与えた。天才の画業をたどるはじめての1冊（河出書房新社による紹介文）。

3) 富久小学校の歴史より、大部をカット。

　　昭和　4．6．13　富久町現番地番7番25号に建築事業承認
　　　　　6．1．15　開校式挙行　東京府東京市富久尋常小学校
　　　　　　　　　　　（5年生以下　10学級編成）
　　　　16．4．1　東京府東京市富久国民学校と校名変更
　　　　　1．4．1　東京都富久国民学校と校名変更

　　　　　　　　　　　　　　　　　　　　　　　　※以下省略

（宮脇）

5．"義烏"再訪と洛陽訪問
（2019 年 4 月 22 日〜 29 日）

佐藤昌彦
徐　英杰（Interpreter）
宮脇　理

2019（平成31）年4月、100鈞の里・義烏を再訪し、さらに古都・洛陽を訪問しました。義烏再訪と洛陽訪問に関する日程は以下のとおりです。

4/22（月）羽田空港から上海・浦東（プートン）空港へ
4/23（火）上海から義烏へ
4/24（水）義烏・ものづくりメーカー訪問
4/25（木）義烏・塘李小学校への表敬訪問
4/26（金）義烏から上海虹橋空港へ
　　　　　上海・虹橋空港から洛陽空港へ
4/27（土）洛陽・老君山（ラオチュンサン）、龍門石窟へ
4/28（日）洛陽空港から上海・虹橋空港へ
4/29（月）上海・虹橋空港から羽田空港へ

前回訪れたときにはなかった大型ショッピングセンターが義烏に建設されていました。飲食店や衣料品など、様々な店舗が入居しています。その様子を次の頁に示しました。

また、福田市場について、前回は三区の建物の写真を掲載しましたが、今回は一区の建物の写真を掲載しました。

（佐藤）

義烏のショッピングセンター

義烏のショッピングセンター内の各店舗（1）

義烏のショッピングセンター内の各店舗（2）

福田市場（義烏市場、中国義烏国際商貿城）一区

■ 義烏 "再訪" ／「匠の精神」を巡って

　人民網日本語版／2016年04月12日10:11に、(「匠の精神」を追い求め過ぎ
て衰退した日本の製造業)(文：蘇清涛。新華網掲載)を眼にしたことが「義
烏再訪」の意図でした。以下にこの記事をシェアします。

　　・・・ここ数カ月、中国では供給側の構造改革と関係がある「匠の精神」という
　言葉が大きな話題となり、政治家や学者、メディアなどが頻繁にこの言葉に言及
　している。中国の製造業は、「高品質」へと舵を切り、そのためには「匠の精神」が
　必ず必要という見方で一致している。しかし、日本の製造業の衰退を見ると、「匠
　の精神」も適度な位置にとどめておかなければならないという教訓も得られる。
　20年ほど前、世界の家電市場では、日本のブランドがほぼ独占状態となっていた。
　そして、日本の「匠の精神」を、中国の企業の研究者が模範としてきた。しかし、
　ここ数年、日本の老舗ブランドの製品は、再起不能の状態に陥っている。

　　　　　　　　　　　　　　　　　　　　　　　　　（文：蘇清涛。新華網掲載）

　人民網日本語版　2016年04月12日10:11
　クライアントの会社で日本から取り寄せた工業用ブラシを何度も目にした。も
ちろん、その品質は中国製より高い。それは、高品質というよりは、「芸術品」と
言ってもいいほどだ。中国の企業が作る商品の多くは、機能だけに注目し、見た
目やそれがもたらす快適度などにはあまり気が配られていない。しかし、日本の
企業はその面に工夫を凝らしている。あまりに美しいため、使うのがもったいな
いと感じるほどだ。しかし、美しさにはデメリットもある。そのような高品質の
製品の多くは、従業員の少ない会社で作られ、自動化が進んでいないため、大量
生産が難しく、生産コストが高くなってしまう。
　考えなければならないのは、工業用ブラシは、工場で使う道具の一つに過ぎず、
消費財ではないため、外観は重要ではない点だ。全ての商品を「芸術品」のように
作る必要はない。職人が緻密さを追求するのはもちろんいいことがだが、クライ
アンがそれを求めて買ってくれることが前提となる。
　筆者は台湾系の受託製造メーカー（電子系）で1年働いたこともある。生産に
おいて、「完璧」を求めると効率が下がり、多くの浪費につながることを身にしみ
て感じた。例えば、液晶モニターの外側の色を変えるだけで、「新製品」と見なさ
れ、全てのテストを1から行う。外側とまったく関係のない電子部品であっても、

もう一度テストしなければならず、その全てがコストとなる。

「匠の精神」があれば、より完璧に近い製品を作ることができる。だが一方で、コストが上がれば収益が減るという法則が働き、品質を一定まで向上させ、「匠の精神」を発揮して「完璧」を求めると、得よりも損のほうが大きくなってしまうだろう。湯之上氏が、「性能と指標を過酷なまでに追求した結果、市場の実際のニーズのレベルを軽視し、必要のないコストを投入した」というのは、そのような意味だ。コストをないがしろにして作った「芸術品」は、「ぜいたく品」に近く、コストパフォーマンスを気にしない大金持ちしか必要としない。市場全体を見れば、コストパフォーマンスを求めないクライアントの割合は非常に低い。

人民網日本語版　2016年04月12日 10:11

経済学者の宋清輝氏は、取材に対して、「中国の製造業は『高品質』へと舵を切る際、値上がりもするということに絶対に注意しなければならない。人々の消費能力は確かに向上したものの、全ての人が高価なものを買うとは限らず、最終的には、高品質で高価となると、供給が需要を上回る可能性が高い。企業がイノベーションを追求しすぎて、市場の実際の状況や消費者の受け入れ能力に留意せずに、一気に先端技術を発展させようとすると、最終的に製品の値段があがるだけで、買い手はつかないという状況になる可能性が高い」と指摘した。

そのため、中国の製造業が高級化への転換を図る際には、「匠の精神」を発揮すると同時に、度を過ぎるというリスクにも注意しなければならない。

「人民網日本語版」／2016年4月12日（編集KN）

前述の提示から「多量生産」と「匠の精神」との相対化の現実を知ることできましたが、更に両者の実態と考えを拡げるには、例えば「紙」と云う媒体に眼を移すことによって、双方の関わりや差異の例を浮き彫りにすることもできると思うがどうだろうか？

中国の紙は「多量生産」への道を歩んできたと思います。なぜなら史書である『後漢書』に視られるように、105年に蔡倫が樹皮やアサのぼろから紙を作り、当時の和帝に献上したという内容の記述があり、それには、蔡倫による「蔡侯紙」は軽くかさばらないため、記録用媒体として従来の木簡や竹簡、絹布に代わって普及したと云われます。それは画期的発明であり、最大の特性

は1本の繊維が短く水素結合により結びつく速さが特質。

　対する和紙（日本）は、長い繊維が「ネリ（トロロアオイの根）」により絡まりあいながらできています。そして伝統的な和紙は、ほとんどが薬品を使わず、長期保存に適していると云われます。先述したように、繊維が長くて太く物理的に丈夫なこと、紙を酸性化させる硫酸アルミニウムを使っていないことなどに理由があります。この面倒な流れと少量生産が「匠のわざ」すなわち「匠の精神」へと連鎖するのでしょう。

　（詳細は、「文化財之科学」第29.30号（1984-1985）/『和紙文化辞典』久米康生著（わがみ堂、1995）。『紙・パルプ事典』紙パルプ技術協会編（金原出版、1989）など。

（宮脇）

■中国高速鉄道の現在と未来（徐　英杰）

　高速鉄道（以下、「高鉄」と記します）は、中国の新時代の高速交通道具として、人と人、物と物、文化と文化などの交流の頻度とスピードを大幅に加速し、地域間の距離を縮めた現代中国における産業技術の代表的な産物といえます。

　1978年に鄧小平が訪日した際に、新幹線に乗ったテレビ画面が国内に伝わった後、「高速鉄道」という概念が広がりました。1990年に開業してから、30年近くの発展を経て、2018年末には運行距離が2.9万キロを超えるとともに、世界の運行距離の3分の2以上を占める高鉄が建設されました。現在、高鉄は中国の東西南北、五湖四海を駆け回っています。

　上海虹橋駅は、今回、義鳥へ向かう私たちの始発駅です。

上海虹橋駅

駅内の待合室は広くて空港の搭乗口と似ており、最大で１万人ぐらい収容できます。

　自動改札口には高鉄の切符と身分証を同時にチェックできるシステムが導入されています。

上海虹橋駅ホーム：高速鉄道（左：徐、右：宮脇）

　座席は特等席、１等席、２等席の３種類にあります。私達が体験した１等席は、１列に４席（２席＋通路＋２席）しか設置されていないため、ゆったりと座ることができました。上海から義烏までの距離は約300km。時間は約１時間半。長距離にも関わらず、座り心地のよい座席のおかげで快適な時間になりました。

高鉄の車内（窓側：宮脇、通路側：佐藤）

高鉄で、上海から義烏へ／外の様子

義烏駅

義烏駅前のバス乗り場

急速に発展してきた中国高鉄でしたが、順風満帆ではなく、2011年7月23日には、温州で高速鉄道追突事故が発生しました。この事故を通して、安全責任意識が欠けているではないかという反省の声が高まりました。事故の反省を踏まえて、近年の中国ではものづくりや食品などの安全面がいっそう重視されるようになっています。

　佐藤先生が日本の福島原発事故を背景に論じた「ものづくりの責任」（ものづくりには責任がともなう）という教育上の視点は中国においても興味深いものです。

　高鉄を含む中国の産業技術が21世紀初めに獲得した輝かしい発展は、20世紀末に実施した「科教興国（科学技術の教育を通して国を振興する）」という教育方針と切り離すことはできません。近い将来には、人工知能や通信技術５Ｇなどの技術革新とグローバル化の進展により、最先端の技術が社会や産業へさらに導入されていくでしょう。社会が急速に変化し、多様な事象が複雑さを増やし、予測が困難な時代となっています。

　知識と技能だけでは問題を解決できない時代ともいえます。次世代の教育には、新しい知識と技能を求める一方で、問題解決の力や感性などの育成を様々な教育観点や学問から総合的に再考する必要があるでしょう。

（徐）

6．若林社長（株式会社ボンテン） とのTalk対談

若林矢寿子
宮脇　理（聞き手）
佐藤昌彦（編集）

若林矢寿子社長（株式会社ボンテン、[1]）との Talk 対談を以下に掲載します。若林社長は義烏で長年ものづくりに関する事業を展開してきました。期日、場所、出席者は次のとおりです。

期　日：2019（令和元）年 6 月 29 日（土）
場　所：ANA インターコンチネンタルホテル東京
　　　　ミーティングルーム
出席者：若林矢寿子（株式会社ボンテン・社長）
　　　　宮脇　　理
　　　　佐藤　昌彦

株式会社ボンテンの商品

●宮脇

― いつから義烏へ行かれたのですか ―

― また、なぜ義烏なのですか ―

― 義烏での事業内容もお聞かせ下さい ―

●若林

　前の社長が中国に会社を持っておりました。その会社では根付やストラップなどをつくっていました。私は日本でそれらの加工に関する仕事をしていた関係で、1995（平成7）年、その会社の皆さんにつくり方を教えるために行くことになりました。それが中国に行くきっかけになったわけです。

　初めは上海でその仕事を行いましたが、100均の商品は義烏からの仕入れと聞いていましたので、前社長をはじめ上海スタッフと義烏へ行くことにな

ギフトショーでの展示

りました。

　当時、世界で最も安い商品や部材は義烏に集まるといわれていました。た
だ、今のようにブースごとに商品が分かれて置いてあるのではなく、広い場
所に山積みになって置いてあるだけでした。扱っている人々は、売っている
というよりもほとんどが寝ていたり賭け事をしていたりという状況でした。
初めは本当にここで商品を買っても大丈夫なのかという不安な思いをもちま
した。私が日本（滋賀）で扱っている商品の品質の度合いとも大きく違いまし
たので、まったく義烏には興味はもちませんでした。

　それがなぜ義烏で仕事をするようになったかと申しますと、1999（平成11）
年、勤務していた親会社から分社することになりまして、和雑貨・インポー
ト商品等を扱うことになりました。そのために安い部材や商品などを今まで
以上に入手することが必要になってきました。それであらためて部材や商品

生産市場（註２）

が世界で最も安く手に入るといわれている義烏に行くことにしたのです。

そして、中国の方々を少ないときは70人〜多いときは200人ぐらい採用して会社を義烏につくることになりました（手加工部門、截断部門、ミシン加工部門／次の頁の写真(1)と写真(2)、検品部門など）。和雑貨におきましては日本の内職さんによって生産しておりますが、コスト削減、キャパの問題により中国で生産することになり、今まで日本でつくっていた商品を部材などが安い中国の義烏でつくるという仕事を始めました。

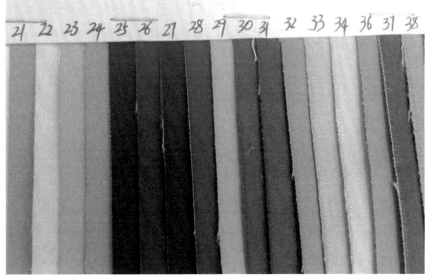

生産市場の商品

●宮脇

― 経営をする中で特に意識していたところは？ ―

― 社員のコミュニケーションで気を付けてきたことは？ ―

●若林

　当時、義烏では、数字が数えられない、名前が書けないという人がたくさんいました。なぜなら、義烏はずっと貧しい農村だったからです。その後、1982（昭和57）年、義烏に大規模な専門卸売市場が設立されました。しかし、当初は商品の品質が悪く、80%から90%はほぼ不良品でした。私は不良品の原因をつきとめて良品に変えていこうと思いました。もともとの部材が不良では仕上がった商品も不良になります。不良になる大きな原因はつくり手にあると思いました。それでまずつくり手の人たちとのコミュニケーションを

義烏でのミシン加工部門の工場（1）

深めようと考えました。採用した200人のつくり手の人たちのほとんどは遠くから義烏に出稼ぎに来ている人たちでした。どのような経緯でこの義烏に来たのか、そうした事情を一人一人に聞きました。それでそれぞれの家庭の事情がわかりました。なかには戸籍のない人たちもいました。

　文字を覚えることで名前が書けるようになりました。10までの数字も数えられるようになりました。10まで数えたら1本の線を書き、それが「正」の字になって50まで数えられるようにしました。これを繰り返して100、150というように大きな数字も数えられるようにしていきました。

　次に商品のつくり方を教えました。私の両脇（丸いテーブルの右と左に）に同じ方向を向いて1人ずつ座るようにしました。そして私と一緒に各段階を一つずつ進みました。一つの手順が終わるごとに手順書（日本語の手順書を中国語に直していました）に印をつけて確認しました。細かく教えました。両

義烏でのミシン加工部門の工場（2）

脇の2人が完璧にできるようになるまで繰り返し教えました。2人が完璧にできるようになったところで、それぞれに2人ずつ新人を両脇に配置し、私と同じように新人に教えるようにしました。これを繰り返してつくる仕事ができる人を増やしていきました。

　さらに部材や商品のセットのつくり方を教えました。100単位、1000単位というセットです。責任感のある子、美しくできる子を選んでチームの責任者としました。

バック加工工場（＊協力工場）

92

●宮脇

　― どのような人材を求めていましたか ―

　― 人間関係を円滑にする秘訣は？ ―

●若林

　先ほども述べましたように、ものをつくることに対して責任感のある人材、美しくつくることができる人材、さらに言えば、人に教えることができる人材を求めました。

　当時は、貧しくてお弁当を持参できない人たちがいたので前社長や社員と話し合い、食堂をつくりました。お風呂に入ることができない人たちもいたので、会社からお風呂に入るための入浴券を出しました。ほとんどの人たち

バック持ち手の加工

が冬でも水のシャワーを浴びていたのです。しかし、入浴券を配っても、貧しいために入浴券を人に売ってお金に変える人たちもいました。また、お金を貯めるために節約してご飯を食べない人たちもたくさんいました。そうした人たちが幸せになってほしいと願いながら一緒に仕事をしていくうちにだんだんと気持ちが通じ合うようになっていきました。

　人集めでは、仕事を探している人たちが集まっている場所へ、当社の中国スタッフが募集のプラカードをもっていきました。当時の中国の人たちには手を洗う習慣がありませんでした。そのため商品が汚れないように1時間ごとに手を洗う時間を設定しました。中国と日本とは習慣や文化が違っていました。商品の品質を高めるために、そして仕事を円滑に進めるために、日本の仕事のやり方を覚えてもらうようにしました。特に、チームの責任者には

刺しゅう工場（＊協力工場）

「ここは日本の会社ですから、日本のやり方を身につけてください」と話しました。

●宮脇

　― 力を入れてきた方向についてお話しください ―

　― どの様な職場の雰囲気でしたか？ ―

　― グループ作業を結成したことはありましたか？ ―

●若林

　力を入れてきたのは、「品質」です。日本が経済大国になった大きな理由は品質のよさにあります。世界はそれを認めています。日本人はお客様のための商品をつくります。しかし、中国は文化が違って、買ってもまたすぐに買っ

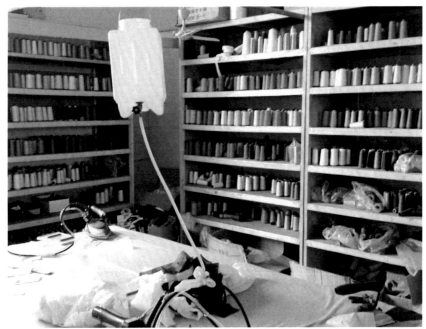

サンプル試作室

てもらえるように雑なものをつくろうとしました。私はこうした考え方を変えようと思いました。品質のよいものをつくるのは面倒くさいと考えているので、そしてお客様が喜ぶためにと言っても理解できないので、「皆さんの考え方が変われば、中国はすごい力をもつことになりますよ」というように話しました。

　中国工場のトップは日本人です。義烏に駐在しました。中国人を教える責任者は中国人としました。商品の違いによってグループをつくりそれぞれに責任者を決めました。品質のよさによって責任者の給料に違いが出るようにしました。がんばっただけ収入が増えるようにしたわけです。責任者同士が競争できるようにしたということです。よい面とよくない面がありました。よい面は、商品のレベルが格段に上がったことです。よくない面は、他のグ

印刷工場（＊協力工場）

ループの足を引っ張るようになったことです。そのことがもとで暴力沙汰になり警察にお世話になったこともありました。

　品質を高めるための試行錯誤を重ねて、次のようにすることにしました。責任者だけではなくチーム内の一人一人の作業台の前にモデルとなる実物大の商品の写真を貼ったのです。実物大なので長さもすぐ測ることができました。完成した形を全員が共通にイメージすることもできました。商品の品質が格段に向上していきました。
　当社の前社長をはじめ、日本人社員の商品企画、生産担当者、品質管理者の者も中国に行き、知恵を出し合って進めていきました。

● 宮脇
　― 最も苦労したことはなんですか ―

● 若林
　総経理責任者として義烏に常駐している日本人も含め、中国で社員として働いている中国人の考え方や仕事に対しての姿勢です。
　例を挙げますと、1 元のものを 1.5 元と偽って、その差額をマージンとして自分の懐に入れたり、電力などもその担当者とぐるになり、電力代をごまかしたりします。又は、社員のお弁当代をごまかしたりします。月計算すると大きな額になります。
　領収書も売っており、ごまかすことが常日頃ありました。働いている社員たちが隠れて、ぐるになって悪いことをするようになりました。
　担当者を変えたり、二重チェックをしたり、減給したりとかしましたが、取引先のメーカーと一緒になってごまかしますから、手に負えないこともあります。同じことの繰り返しで、ごまかしからどうしても脱却できませんでした。
　中国工場で働いてくれた日本人スタッフ、中国人スタッフの中には、正直で仕事に責任感を持って働いてくれた者も大勢いてくれました。しかし、ご

まかす人間が絶えずいました。そうした現実を前もって理解した上で対応していかなければならないことを学びました。

　信用したいのにそれができない。それが一番苦労したことでもあり、辛いことでもありました。

●宮脇

　― 大変だったことは ―

●若林

　出稼ぎで会社に来る従業員のことではいろいろな問題がありました。正月の休みに家に帰ったら別の女の人が入っていたとか、親が決めた許嫁ではない女性と暮らしていたとか、問題がたくさんありました。そうした問題で会社の女性が病気になってしまうこともありました。落ち込んでいる女性には、話す時間をつくって辛いことが忘れられるように努力しました。これは仕事にもプライベートにおいても、大変なことだったと言えます。

　また、「朝」という漢字の話をしたことがありました。朝という字は「とつきとうか」（十月十日）です。赤ちゃんを連想します。新しい誕生です。「どんないやなことがあってもその日は終わるから」「次の朝にはまた新しいことが始まるから」といって励ましました。中国の人にとって励みになる言葉だったようです。

　この話は日本のスタッフにも話をしています（私自身に対しても言い聞かせるように）。

●宮脇

　― ビジネスの中止を見極めた理由は何ですか ―

●若林

　お金のごまかしなどで赤字が続いていたときに、円安になったことが大きな理由です。

会社を引き上げる際には、弁護士に相談しながら従業員との間に揉め事が起きないように（会社にとっても従業員にとってもいい形で引き上げることができるように）、1年前に一人一人と契約をやり直しました。一人ずつ丁寧に話し合いもしました。

　中国では、散らかったまま会社が撤退するケースが多いなかで、中国工場を隅々まできれいに掃いて拭いて撤退しました。不動産の方がとても喜んで、「やっぱり日本人ですね」と言っていたそうです。

義烏での昼食（1）

義烏での昼食（2）

義烏での昼食（3）

●宮脇

― 文化の違いで記憶に残っていることは ―

●若林

　文化の違いで記憶に残っていることは、ものをつくることに対する考え方の違いです。日本の人はお客様が使うときのことを想像して気をつけておかなければならないことを考えてつくります。つまり、お客様のことを考えて品質がよく丈夫で長持ちするものをつくるということです。安全面に配慮してお客様が怪我しないように製品のバリも取ります（＊バリ…樹脂や金属などを加工する際に発生する不要な突起物）。

　中国の人は、商品が壊れたらすぐまた買ってもらえると考えて、長持ちしないものをつくろうとします。壊れたらまた次を買ってもらえると考えるの

夜市 [3]（1）

です。丈夫で長持ちするものをつくることは経済面からみてよくないと考えているのです。どのメーカーも口をそろえて同じことを言っていました。

　アメリカもアラブも壊れたらまた次を買ったらいいという感覚があるから、よいお客様だと言っていました。義烏から不良品が送られても返品がないのです。このことに関わって、いつも中国の人から言われることがあります。それは「アメリカやアラブからは返品がないのに、なぜ日本は『あそこを直せ』『ここを直せ』と文句を言うのですか」、そして「そんな面倒なことはしたくない」「日本の仕事はしたくない」と言うのです。要求が多い日本は嫌われます。

　ですが、一方で中国の人は「日本のものであれば安心する」と言って日本製品を買うことも事実です。やはり自分で使うものは壊れては嫌だと考えているのです。車もすぐ壊れたり事故を起こしたりするのは嫌だから、日本のト

夜市（2）

102

ヨタ、ホンダ、日産、三菱などの車を買います。

　中国の人は、どちらかと言うと、自分を一番に大切に考えます。次に親・家族・友人を大切にします。日本では、最近、自分の家族を大切にしないことがあるので悲しく感じるときもあります。中国での家族の絆が強い主な理由は「出稼ぎ」にあると思います。親が出稼ぎに行っている間、子どもを育てるのは祖父や祖母になるからです。

　また、家族の中で一番稼いでいる人が家族の中で一番偉い立場になる事が多い様です。以前、日本語の話せる中国の女性が、「ご飯も育児も親がして、自分は給料が一番多いので読書できる身分です」と話していました。それを聞いたとき、日本では考えられないことでしたので、とてもびっくりしました。

夜市の夕食

●宮脇

　― 中国・義烏へ来た当時と現在の違いは？ ―

●若林

　私が義烏に来たばかりの頃（平成7年頃）のことです。あれからほぼ20年が過ぎました。今の義烏は大きく違っています。リヤカーや自転車から車になりました。道路や建物も激変しました。1ヵ月という短期間でも大きく変わります。このように大きく変わるとは想像できませんでした。

　ただ、ゴミを捨てないというマナーの面はあまり変わっていないようです。まだまだゴミを持ち帰らずに捨てていきます。掃除する人が綺麗にしてもまたゴミを捨てる人がいます。自分自身でゴミを捨てないというように変わっていかないと綺麗にならないと思います。シンガポールのように罰金制を取

2014年頃の義烏駅…中国・義烏に来た当時の写真が残っておらず残念ですが、上の写真は5年ほど前の義烏駅です。まだエスカレーターやエレベーターはありませんでした。それで写真のように荷物を上まで運んでもらっていました。1回10元（約150円）でした。コンクリートで舗装される前は、凹凸のある上り坂でした。当時は、まだ高速鉄道が通しておらず、上海からは列車で4～5時間かかりました。

り入れないと変わらないかもしれません。

　私自身、義烏で仕事をしてきて20年以上になりますが中国を見る目が変わりました。初めは、皆さんから聞かされていた「恐い」「お行儀が悪い」などのイメージがありました。でも仕入れ先のメーカーの方々と繰り返しお話をしていると、気持ちを開いてくださって、快く商品の問題点をすぐ直してくれるようになっていきました。

　昔と今の違いで言えば、昔は親から息子が工場を預かるというケースが多くありましたが、今は息子が先に起業して親が手伝っているというケースが多くなりました。中国が豊かになって学校へ行ける若者が増えてきたからだと思います。留学して学んだことをもとに起業するところもあります。親以上に若者には知識があります。親には技術力があります。今はそれが合体して会社になっています。

　また、中国の人たちは手がとても器用です。編み物でもすばやくつくります。一般的な手順ではなく自分でシンプルな手順を考え出して面白い商品をつくり出すこともあります。時間短縮、経費削減のために、できるだけ簡単な手順でつくることができるようにしているのです。
　大きなマーケットがある義烏では、世界中の人が来て仕入をしています。各国が望むオリジナル商品も、この義烏で数多く産み出されます。その商品が店頭に並び、他の国の人がまた手を加えたオリジナルになるという事で、どんどん幅広くおもしろい、グレードが高い商品が世界に広がっていきます。
　今はメーカーも仕事内容を理解するため、積極的に接してくれるようになってきています。これにより、品質も良くなってきています。

　たとえば、世界のおもちゃも4個に1個は義烏の商品となってきました。義烏の成長率はすごいと思います。中国がグレードアップしてきたときに、日本はどうするのか。それを考えることが大切だと思います。

品質はよくなってきていますが、おもちゃ、小物などは、1週間くらいで壊れる物も多くあります。それは先に述べましたように、壊れればまた買うと考えたり増産して安く売ろうとしたりするからです。買う方も安ければいいという考え方が強くあります。今でも安さには勝てないというのが現状です。

●宮脇

― 仕入先選びで必要なことは ―

●若林

仕入先選びで大切なことは、つくっている現場、つまり工場を見せてくれるかどうかということです。代理店の単価なのか、メーカー（工場）の単価なのか、事前に判断する必要があります。代理店は単価が高くなります。たとえば、メーカー（工場）での単価が1元ぐらいのものを代理店では8元または9元と言われることがあります。

●宮脇

― 社長になった経緯をお聞かせください。 ―

●若林

私は60歳をこしてから社長になりました。それまではゼネラルマネージャーでした。ゼネラルマネージャーは全体の統括責任者ですが、資金繰りの権限は社長にあります。前社長は実力主義でした。約30年間もその社長のもとで仕事をしてきました。前社長が会社を退くとおっしゃったときに、会社を存続させるか存続させないかも含めて任せると言われました。この年になって、社長になるということに迷いはありました。そのとき私は、従業員のこと、お客様のこと、そしてその繋がりを考えました。

さらに何十年もやってきた日本のものづくりの気持ちをなくしてはいけないとも思いました。一から企画したものを商品にしてお客様に届けるという

ものづくりに受け継がれてきた日本のいいところを次の世代である日本の若者に伝えていきたいという思いがありました。日本でものをつくらないで、中国でできたものを買うだけでいいのか。それでは日本のいいところが全部なくなってしまうのではないかという危機感をもちました。この会社をなくすことは日本のいいところを失うことだとも考えました。

　そうしたことを踏まえて、前社長から退任の話があってから2ヵ月後に「次の社長をお引き受けいたします」と返事をいたしました。

　在庫の持ち方、資金の運用の仕方、従業員の働き方、仕入れのやり方、原価のはじき方など、会社が今後も続くようにするためにはどうしたらいいのかということを考え仕事のやり方を変えました。次の世代へのバトンタッチも考え、会社の方向性について従業員とも相談しました。

●宮脇

　― 今後の展望や目標は？ ―

●若林

　今後は、若者が持っている力（ものの見方や発想力など）に期待しています。各人それぞれがもっている持ち味を生かせる会社にしたいと思います。内職の皆さんの力も借りながら製品を仕上げていきたいとも思います。

　そして若者にはものをつくる心を受け継いでほしいと思っています。一つものをつくるためにはそれぞれに思いやその思いを具体化するための過程があります。その思いや過程を学んでほしいと思うのです。仕事を通してお客様が喜んでくださる、それはすごいことです。その感動を体験してほしいと心から思っています。

　付け加えるなら、若者には“やりたいという思いをもっていれば、それは実現する”ということも伝えていきたいと考えています。

　私自身、この会社に入ったばかりの頃は電話当番でした。ものをつくる会

社でしたので、洋服をつくっていた父のことをたびたび思い出すようになりました。生まれたときから私はものをつくることに縁があったのだと思います。ものをつくることを大切にしたいという思いがどんどん強くなっていきました。そして現在の私があります。

　何をやったらいいのかわからないという若者がいますが、自分でやりたいものを見つけること、そしてそれを実現したいという思いを強くもつこと、それらの大切さを次の世代に伝えたいと思います。

●宮脇
　― 社長として悩んでいることをお話しください ―

●若林
　後をついでくれる後継者の育成です。

　当社は女性ばかりの小さな会社です。当初からの仲間が、私を含め高齢化しています。若い人が少ないのが悩みです。募集をしていますが、なかなか来ていただけません。

　社員教育は必要と分かっていても、子どもが小さいことや、家でお年寄りがおられるということなどもあり、仕事をする時間が制限されます。時間が短いということもあり、自分で見たこと、聞いたこと、感じたことで勉強をしてもらわないといけません。

　そのために当社では、毎日の朝礼で、それぞれが仕事の説明や、問題点を伝えることにしています。全員が声を出せるようにと思っています。時間と費用がありませんので、毎日の繰り返しから、見えにくいものを見えるようにと思っています。

　ものづくりで大切なのは心だと思っています。お客様にお届けする荷物に、当社の心も一緒に送らせていただきたいと思っています。

●宮脇

― 仕事のやりがいについてお話しください ―

●若林

　最初、このボンテンの仕事が大嫌いでした。針を使う仕事が苦手だったからです。でも、編み物でもなんでも、前社長がどんなことにも挑戦している姿を見て考え方が変わりました。前社長は、いつ殺されるかわからないような南米にもいた経験があるので、どんな仕事もマイナスになるものはないとおっしゃっていました。何事も自分の一生の中で必ずプラスになるとも言われていました。私も実感しています。

　仕事のやりがいは、お客様からの依頼の商品や、当社が一から企画してつくり出す商品がお客様に喜んでいただける事が、大きな喜びです。又、当社の社員も、ものづくりにかかわり、楽しんで仕事をしている姿に喜びを感じます。

　一つだけ最後に言いたいことがあります。この会社に入って痛感していることは、ものをつくる力の重要性です。微妙な色の違いを見分ける力や立体をつくる力など、ものをつくることを小さい頃から学ぶ必要があると思います。それはどの会社でも必要とされるものです。5教科中心の入試には出ないので、ものをつくる機会が少なくなっています。残念に思います。この仕事を長く続けてきて、手の感覚で覚えること、そして色や形に関わる感性など、ものづくりに関わることは小さいときから大切だと思います。

●宮脇

― 自分も「起業」をやってみたい！という方へエールをお願いします ―

●若林

　ものづくりに大切なのは心だと思います。

　自分を信じること。何に対しても責任感を持つこと。

失敗を恐れずに挑戦すること。失敗をチャンスに変えるのは誠意だと思います。

　『意志力は人生を変える』

　一歩の踏み出しから始まります。

　皆さんには無限の力があります。

　自分を信じて楽しみながら前に進んでいただきたいと願っています。

【註】

1) 株式会社ボンテンの会社案内には、その雑貨ブランド「天遊」について次のように記されています。

　　天遊は和雑貨伝統の地・近江初の雑貨ブランドです。手づくりにこだわり、ひとつひとつ心のこもった商品を作っております。天遊オンラインショップではてんてんだま、人形、ちりめん和柄の万華鏡などの遊具から、お手玉やポッペン（ビードロ）などの昔なつかしいレトロなおもちゃ、ポーチ、バッグ、ストラップ、のれん、ライト、照明などの和風アクセサリー・和風小物を販売しています。

滋賀本社：滋賀県彦根市野田山町930番地
主要品目：輸入雑貨の企画製造販売、小物・和雑貨の企画製造販売等
https://www.tenyu.cc/user_data/company.php

2) 生産市場と福田市場とは違います。生産市場は福田市場から車で40分ぐらいかかります。生産市場（正式名：国際生産資料市場）は福田市場と違い、資材・皮・PUや機械が主です。1F〜4Fまであります。印刷機・食品加工機・動力機・発電機・インテリア・革製品などがあり、75万㎡もある、巨大市場です。A・B、1〜10棟まであります。また1〜16街まであります（若林矢寿子）。

3) 義烏の夜市では、福田市場や服飾市場で働く人達が服や靴、雑貨などを安く売っています。17：00から24：00ぐらいまで毎日開かれています。また、夜市にはたくさんの屋台が並んでいます（若林矢寿子）。

（録音起こし：佐藤昌彦）

7. "塘李小学校" 再訪問
(2019 年 4 月 25 日)

佐藤昌彦
徐　英杰（Interpreter）
宮脇　理

前回の塘李小学校訪問は、2013 年 9 月 13 日でした。今回は、2019 年 4 月 25 日に再訪問しました。目的は、前回訪問の御礼にあります。塘李小学校への事前の連絡は、徐氏（上海・華東師範大学）が行いました。当初は御礼に関わっての短時間での訪問を予定していましたが、義烏市教育局の方や校長先生が前回の訪問のときと同じ方々であったために、たいへん歓迎していただき、長時間の訪問となりました。

　再訪問して、いっそう充実していると感じたことが二つあります。
　一つは剪紙に関わる学習環境です。その根拠として、次の頁以降に以下の写真を掲載しました。
●中庭に設置された剪紙のモニュメント
●剪紙陳列室における多様な作品の展示
●剪紙芸術室における新たな取組に関する展示
　もう一つは子ども一人一人に対する指導の在り方です。根拠として下記の作品ファイルに関する写真を掲載しました。前回の訪問の際にはなかったものです。
●作品ファイル「童心剪紙」（一人一冊）
　・制作の記録
　・作者の感想
　・教師のコメント

塘李小学校近辺の街並み

塘李小学校

塘李小学校（食堂がある建物）の外壁（剪紙作品）

中庭に設置された剪紙のモニュメントです。

历史

LISHIYANG

稠川学堂
稠川二等学校
稠川小学
岩南乡稠川中心小学
稠川中心学校
苏溪镇小学
李中心学校
中心小学
小学
塘李小学

塘李小学校の中庭に設置された剪紙のモニュメント

剪紙陳列室（1）

剪紙陳列室には、以前にも増して多様な作品が展示されていました。

剪紙陳列室（2）

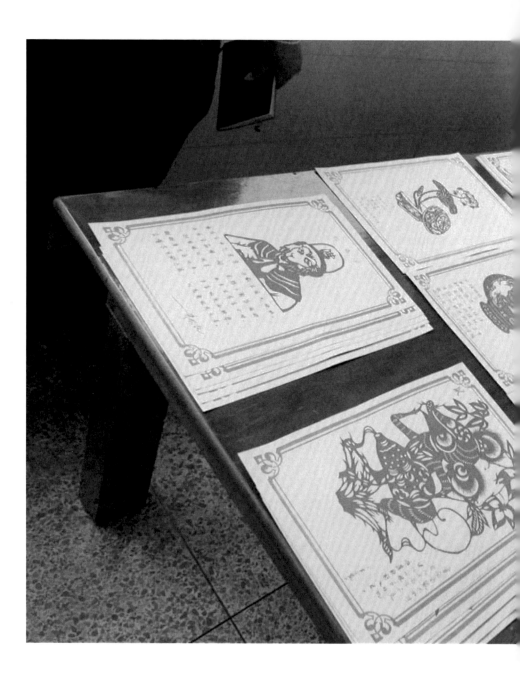

剪紙陳列室（3）

剪紙陳列室（4）

剪紙陳列室（5）

剪紙陳列室（6）

剪紙芸術室（1）

　剪紙芸術室には、剪紙を活用した立体的な作品や剪紙の裏側にライトを
取り付けた作品などが展示されていました。

剪紙芸術室（2）

剪紙芸術室（3）

剪紙芸術室（4）

義烏市教育局、塘李小学校の校長先生初め教員の皆様、報道関係者の方との懇談の様子

剪紙の授業（1）

剪紙の授業（2）

教室の掲示

　授業では、作品ファイル「童心剪紙」(総頁数：44頁) が一人一人の机の上に
置かれていました。どの頁も、作品を貼り付けるための枠、子どもの感想を
書く欄、教師からのコメントを書く欄で構成されていました。

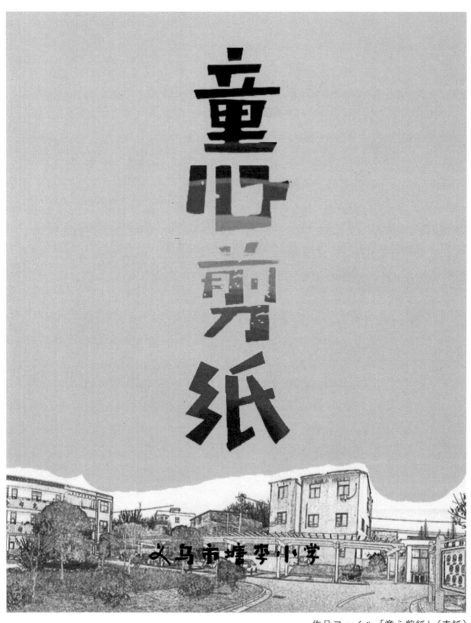

作品ファイル「童心剪紙」（表紙）

剪童心

写童话

享童趣

作品ファイル「童心剪紙」（裏表紙）

正門のそばにある掲示板

塘李小学校で使用されている紙コップ

塘李小学校の壁の掲示

剪紙に関わる資料として、次の頁以降に以下の四つを掲載します。

■塘李小学校訪問（浙江省義烏市）…教室の窓に貼られた二つの剪紙作品。
　今回の訪問を歓迎して制作された作品です（2013年。訪問者：宮脇 理、佐
　藤昌彦、徐 英杰）。
■塘李小学校の窓から見える風景（2013年）
■塩城中学校訪問（江蘇省塩城市）…塩城市人民政府から寄贈された図書『中
　国剪紙・京劇臉譜（きょうげきれんぷ）』（2012年の表敬訪問の際に）
　＊塩城中学校は北海道教育大学附属札幌中学校の姉妹校です（姉妹校提携
　2012年）。塩城中学校へは、2012（平成24）年5月と2013（平成25）年9月、
　2回の表敬訪問を行いました。
■稠州中学校訪問（浙江省義烏市、2013年）…剪紙の授業
■稠州中学校に展示されていた剪紙作品（2013年）

（佐藤）

教室の窓に貼られた二つの剪紙作品（日本からの訪問を歓迎して）

塘李小学校の窓から見える風景（2013年）

塩城市人民政府から寄贈された図書『中国剪紙・京劇臉譜（きょうげきれんぷ）』(1)

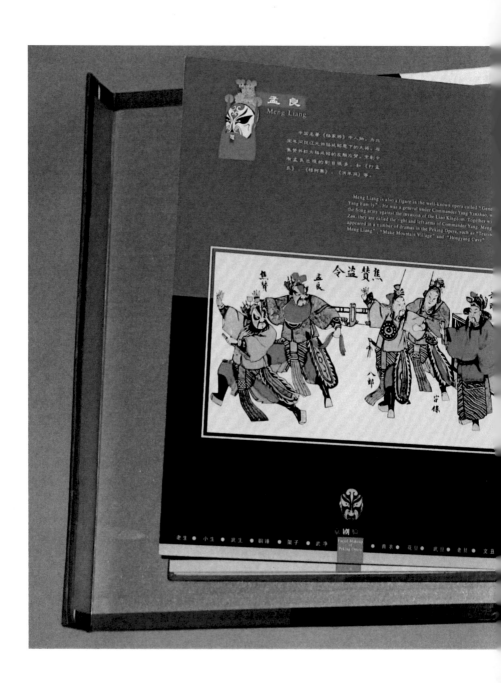

孟良
Meng Liang

中国名著《杨家将》中人物，为北
宋年间抗辽天波杨城麾下的大将，与
焦赞并称为杨成婚的左膀右臂。京剧中
以孟良出现的剧目很多，如《打孟
良》、《穆柯寨》、《洪羊洞》等。

Meng Liang is also a figure in the well-known opera called "General Yang Family". He was a general under Commander Yang Yanzhao, who led the Song army against the invasion of the Liao Kingdom. Together with Zan, they are called the right and left arms of Commander Yang. Meng appeared in a number of dramas in the Peking Opera, such as "Teasing Meng Liang", "Muke Mountain Village" and "Hongyang Cave".

塩城市人民政府から寄贈された図書『中国剪紙・京劇臉譜（きょうげきれんぷ）』(2)

稠州中学校訪問（浙江省義烏市）…剪紙の授業（1）

稠州中学校訪問（浙江省義烏市）…剪紙の授業（2）

稠州中学校に展示されていた剪紙作品（1）

稠州中学校に展示されていた剪紙作品（2）

稠州中学校に展示されていた剪紙作品（3）

中国・義烏での急激な多量生産の状況や義烏の小学校や中学校での取組は、ウノ・シグネウス（Uno Cygnaeus 1810-1888）がフィンランドの人々の伝統的なものづくりであるスロイド（民芸、民衆工芸、民間工芸、民間芸術、フォーク・アート）を学校教育に位置付けた当時のフィンランドの社会状況と重なります。

　シグネウスが学校教育にスロイドを位置付けた状況については、宮脇 理、竹内 博「リレー対談：歴史的視点から考える」『教育美術』（1976年1月号、第37巻第1号、教育美術振興会、[1]に次のように記されています。

【宮脇 理】
　ある人がつくる、それを使っていく。使っているうちにおかしいところがあったら、その問題を指摘していく。そうすると、どこのだれがつくったということがはっきりわかるので、問題を指摘して新しくつくり直していく。そういう関係が原初的な工芸にあるわけです。
　今の量産にはそれがないわけです。原初的な工芸の関係の中で、ものと人間の関係が実に的確に作用している。そういうサイクルをもっているということです。
　ところがそういう原初的な工芸というものは、その中で人間形成 ― 教育というのが自然になされていると、見られるわけです。いわゆるものをつくってそれを使うという関係の中で、ものをつくる喜びも出るし、責任も出るし、それを新しくつくり変えていくという中で人間形成がなされているということです。

　《ウノ・シグネウスの取組／産業革命に伴うスロイドの崩壊を背景として》単純に、民具・民芸だけが壊れて生活補給ができなくなったという現象だけでなく、同時に人間形成から家庭環境から子どもの心身の状態が崩壊してきたというのが大きな状況だったわけです。
　そこで、北ヨーロッパのうちの特にフィンランドのウノ・シグネウスという人が、1863年に民具・民芸の良さを学校教育の中にもち込んで、その中でこれを行うことによって人間形成に役立つんじゃないだろうかというようなかたちを取り上げてきたわけです。ですから、ある日突然教科を成立させたというんじゃなくて、自分達の地域の周辺にある教育活動といいますか、人間形成の活動がスロイ

ドにある。それが崩壊してしまったために、今度は人工的なシステムである学校の中に置き換える。つまり社会の中で自然に行われていた教育を、学校の中にもう1回置き換えてみるということです。(中略)話が前後しましたが、ウノ・シグネウスはフィンランドのルーテル派の教誡師で、小学校の校長です。

　義烏の小学校や中学校での剪紙(せんし／切紙)に関する実践を踏まえれば、「中国・義烏の学校では多量生産に対してどう対応しているのか」という問いに対して、「中国の伝統的なものづくりを教育の規範として対応している」と答えることができます。

　別の言葉で言えば、多量生産という新たな状況になったときでも、生活の中で受け継がれてきたものづくりの意義を踏まえ、普通教育の中に普遍的なかたちで中国の伝統的なものづくりを位置付け、次代を担う子どもたちの人間形成を図っていくようにしているということです。

【註】
[1] 宮脇 理、竹内 博「リレー対談」『教育美術』第37巻第1号、教育美術振興会、1976.

(佐藤)

■移動して懇談

　今回（2019年）の塘李小学校“再訪”は前回（2013年）の御礼のための訪問ですので、学校にご負担をおかけしないように滞在は短時間にしようと考えておりました。しかし、先に述べましたように、義烏市教育局の方や校長先生が前回の訪問のときと同じ方々であったためにたいへん歓迎していただき長時間の訪問となりました。

　授業参観の後には、校長先生に学校の近くの公園（下の写真）を案内していただきました。さらに公園のそばにあるレストランで昼食もご馳走していただきました。公園もレストランも教育局の方や塘李小学校の方々と一緒でしたので、地域の伝統的なものづくりである剪紙と塘李小学校での剪紙の授業との関係について、より詳しい内容をお聞きすることができました。

塘李小学校近くの公園

　その際、剪紙に関連して、宮脇先生が「紙の技法」について述べました。紙は様々な材料に関する基本を学ぶことができるものであり、紙における「ちぎる」（切断、cutting）、「おる」（折加工、folding）、「つなぐ」（接合、join & glue）などという技法は、木、土、金属など、他の材料での制作へ転移できるという内容でした。このことについて、宮脇先生は『ベーシック造形技法』（建帛社、2009）のなかで、以下のように記しています[1]。

紙はその技法の多様性や応用の幅広さにおいて、すべての素材の基礎といっても過言ではない。

　かつてフレーベルの恩物に紙素材が用いられた理由には、創造衝動をもつためには複雑なものや完成されたものではなく、単一なものの中に多様性、基本的なものの中に論理的・数理的契機を含んでいたからである。均一で純粋な性質を起点として、切り・折り・つなぐなどによってかたちを構築し、空間構造を生み、光と陰の交錯が審美的なレベルにまで引き上げていくことができるのがこの素材の最大の魅力である。

　紙の技法は、「手」と素材とのダイレクトな関係が基礎にあり、段階的に道具や機械を組み込んだ展開へと発展させることができる。

　移動しての懇談は、剪紙についての理解をより深める場になるとともに、剪紙に関わる紙の魅力を学ぶ場にもなりました。

【註】
[1] 監修者：宮脇 理、編集者：山口喜雄、天形 健、編集委員：伊藤文彦、岡本康明、新関伸也、佐藤昌彦『ベーシック造形技法 ― 図画工作・美術の基礎的表現と鑑賞 ―』建帛社、2009、p.116

（佐藤）

8．若林社長と福田市場付近探訪 Report

佐藤昌彦
宮脇　理
徐　英杰（Interpreter）

若林社長の案内で、福田市場の近くにあるものづくりメーカー（工場）を訪問しました。訪問先は二つです。一つはゴム手袋を製造しているメーカー、もう一つはバック用合皮製品を製造しているメーカーです。

　ゴム手袋を製造しているメーカーの社長はまだ20代とのことでした。このことは前述した若林社長との対談の内容と直結するものです。対談の内容とは若林社長の以下の言葉を指します。

　昔と今の違いで言えば、昔は親から息子が工場を預かるというケースが多くありましたが、今は息子が先に起業して親が手伝っているというケースが多くなりました。中国が豊かになって学校へ行ける若者が増えてきたからだと思います。留学して学んだことをもとに起業するところもあります。親以上に若者には知識があります。親には技術力があります。今はそれが合体して会社になっています。

　義烏滞在中、若林社長にはたいへんお世話になりました。ものづくり関連のメーカーとともに義烏の発展の様子がわかる場所をたくさん案内していただきました（新しく建設されたショッピングセンター、国際的な交流の場となるホテル、日本人が経営するレストランなど）。若林社長のおかげで、義烏のものづくりの状況と活気に満ちた人々の生活の様子を、直接、自分自身の目で確かめることができました。

（佐藤＋宮脇）

福田市場近辺のものづくりメーカーへ向けて出発です。

福田市場近辺のものづくりメーカー訪問（1）

メーカーの正面玄関前に到着しました。

福田市場近辺のものづくりメーカー訪問（2）

商品の説明（社長より）

工場の内部です。

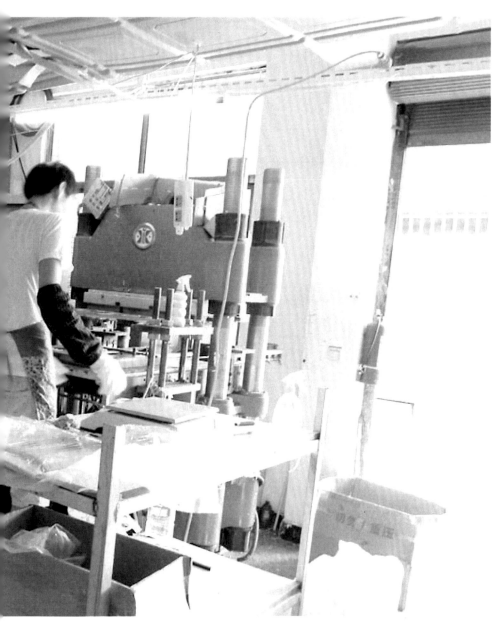

ゴム手袋製造の様子（1）

　工場で働いている人の多くは、家族、親戚、友人とのことでした。

ゴム手袋製造の様子（3）

工場で製造されている製品

社長（20代で起業したとのことです）

ゴム手袋の他にも工場で製造されている製品が展示されています。

次は、バック用の合皮製品を製造している工場へ向かいます。

移動中の車内

工場に到着しました。

バック用合皮製品の工場に到着

工場の内部の様子です。

バック用合皮製品（1）

バック用合皮製品（2）

9．洛陽へと回遊

徐　英杰
宮脇　理
佐藤昌彦

洛陽は、中華文明の発祥地であり、5000年余りの歴史を持っています。シルクロードの東方の起点でもあり、中国の八大古都の一つです。

　今回は、宮脇先生と佐藤先生に私の故郷である洛陽に来ていただきました。私は、日本に留学している間、宮脇先生に大変お世話になりました。そのことを知っている両親が、お二人の訪中を聞き、ぜひ洛陽まで来ていただいたいと希望したからです。

　孔子曰く、「朋あり遠方より来る、また楽しからずや」。

洛陽空港から洛陽市欒川県への移動（車内の様子）

両先生を自宅にお迎えしての歓迎会の後、老君山と龍門洞窟を訪れました。

　老君山は洛陽市の欒川県に位置している山です。東周の時期に老子がこの山で修行したことから、唐の太宗は「老君山」と名づけました。今もなおその伝統は受け継がれ、2000年の道教文化の歴史を伝える場となっています。また、中国の5A級自然保護区にもなっています。老君山への関心は高く、2019年6月18日に放送された「雲霧老君山」の動画（CCTVニュース、＊日本のNHKに相当します）は、その日だけでも、260万回の視聴を記録したほどです。

　老君山の麓（ふもと）には巻物の仙道骨を握る老子像があります。

老子像

　私たちは主にケーブルカーを利用して山頂に登りました。ケーブルカーの窓からは峰林の奇観と波瀾万丈な雲海の美しい景色を見ることができました。まるで水墨画のようでした。

176

ケーブルカーの窓から見える風景（1）

ケーブルカーの窓から見える風景（2）

老君山は海抜2297メートル。洛陽の最高峰です。宮脇先生はおそらく当日の登山客の中で最年長の観光客だったと思います。行く先々で、多くの観光客からの驚きと羨望の眼差しを感じました。

金頂道観（写真撮影：朱 彦北）

　龍門洞窟は中国の三大石刻芸術に数えられ、2000年にユネスコの世界遺産に登録されました。石窟は北魏の孝文帝が洛陽に遷都してから開削し始まりました。その後、東魏、西魏、北斉、隋、唐などの各時代にわたって連続的に大規模な造営が400年以上に及びました。洞窟の数が大小合わせて2345個あります。仏像彫刻は10万体以上収められ、中国古代の政治、経済、宗教、文化など多くの分野の発展を描き出していた創造的才能を表現する傑作で、最も優れた伝統文化の一つといえるでしょう。

龍門橋

　その中でも、絶頂期の石窟と言われる「奉先寺洞」は龍門最大の石窟で、最も優れた摩崖型群彫です。

奉先寺洞と修学旅行中の高校生

長い歴史のなかで生まれた洛陽の伝統文化や伝統的な生活文化の多くは、かつて住民の生活に深く根ざし、子どもたちも自然に体験したり受け継いだりしてきたものです。

　しかし、近年の急速なグローバル化や情報化にともなう生活スタイルの変化によって、伝統的文化の価値を学ぶ機会や子ども自身が伝統的文化を体験し継承する機会が少なくなっています。伝統的文化への関心も薄くなっていくように感じます。

　地域独自の伝統や文化を継承・発展させ、継続可能な社会を形成する地域者を育てるためには、地域にある文化財や芸術作品を積極的に活用して、その価値に気づく場をつくることが大切です。伝統的文化を見直すには芸術や美術教育の役割がいっそう重要になるでしょう。

上海の中華芸術宮に展示されている巨大絵巻「清明上河図」

（徐）

2019（平成31）年4月22日、宮脇と佐藤は、午前11時35分発の日本航空85便で羽田空港を出発し、午後1時45分、上海・浦東（プートン）空港に到着しました。浦東空港で徐 英傑氏と再会し、翌日の4月23日には、上海にある中華芸術宮[1)]を徐氏に案内していただきました。

　中華芸術宮は、上海万博（2010年）の中国館だった建物であり、アジア最大の美術館です。前の頁の「清明上河図」[2)]は、床から天井までの壁面全体を覆う巨大な絵巻であり、しかも絵巻の中の人物やラクダが動き出すように動画化されていました。

　また、中華芸術宮美術教育展として、上海市の子どもたちの絵画作品が展示されていました。

中華芸術宮（上海）の外観

巨大絵巻「清明上河図」の一部（人物やラクダが動き出すように動画化されています）

中華芸術宮美術教育展（上海市の子どもたちの絵画作品）

巨大絵巻「清明上河図」の説明

中華芸術宮（上海）付近の様子

100均の里・義烏や古都・洛陽を訪ねる前に、上海で中華芸術宮を見学できたことは中国の伝統文化に対する理解を深める貴重な機会となりました。夜は徐氏が推薦する美味しい餃子を食べることもできました。

　中国を代表する芸術作品や子どもの絵画作品、そして人々の生活文化に触れることができましたのはすべて徐氏のあたたかいご配慮のおかげです。

【註】

1) 上海万博の中国館の建設は2007年12月28日に始まり、2010年2月8日に完成した。これは上海万博で最も費用がかかったパビリオンであり、建設費は2億2000万ドルと見積もられている。上海万博で最も背が高い63メートルの高さの中国館は、昔の冠を思わせる形状から「東洋の冠」と呼ばれた。この建物は、建築家の何鏡堂が率いた設計チームがデザインしたが、その形は組物（斗栱）と呼ばれる中国式の持ち送りの腕木と、鼎と呼ばれる昔の青銅の大釜から着想を得たものである。

出典：フリー百科事典『ウィキペディア（Wikipedia）』
https//ja.wikipedia.org/wiki/中華芸術宮

2) 清明上河図（せいめいじょうがず）は、中国北宋の都開封の都城内外の殷賑（にぎわい栄えた）の様を描いた画巻である。

出典：フリー百科事典『ウィキペディア（Wikipedia）』
https//ja.wikipedia.org/wiki/清明上河図

（佐藤）

10. これから・・・・次は？・・・・・

宮脇　理

`塘李小学校`訪問では、前回の訪問時を超えた、充実した授業と結果を見せて頂き、義烏の未来には自然に沿った、自然と馴染むようなものづくの伝統と気概を感じました。・・・・上海に戻ってから方向を変え、中国の古都・洛陽向かいました。同行の徐さん宅にて過分な接待を受け、続けて、アノ魅力的な「登龍門」の龍門との出会い、さらには、老君山のケーブルを乗り継ぎつつ、頂上近くでは老公を彷彿させて呉れるような、将に山水画にも似た風景に浸ることができました。

　ところで、今世紀になってからの20年間、中国訪問をどれだけしたかな？と、指折り数えてみました。北京、上海、南京、厦門、無錫、香港、義烏、そして、洛陽か・・・・。そうだ、まだ行っていない深圳（シンセン）に早く行きたいと考えている時に、偶然、知友のY氏から恵送されたのが●現代思想43のキーワード●（草思社刊）でした。出版社による内容紹介をまま・シェアしますと・・・・・、

> "いま"を読み解くための最新キーワード・ガイド／おびただしいバズワードの群れが日々生まれては消えていくなか、私たちが自らの生きる世界を真に知るために必要なのは、いかなる言葉だろうか。本特集では哲学、政治、医療、ジェンダー、芸術、テクノロジーなど、多様な分野から重要タームを選出し、各界の気鋭による解説を加える。過去を知り、現代を見つめ、未来への結節点を探るための「言葉」による羅針盤！

　早速、Y氏が元本から抜き出し、大きめの文字に拡大して呉れた部分、とりわけ深圳（シンセン）に繋がる幾つかを拾い読みをした次第。「●加速主義→仲山ひふみ。●AI→杉本舞。●ドローン→渡名喜庸哲。●一帯一路→羽根次郎。●グローバル・ヒストリー→北村厚。●スピリチュアル→橋迫瑞穂。●エモい→山田航。●一帯一路→羽根次郎」など、など・・・。

これらはすべてが魅力的な内容でした。●グローバル・ヒストリーは、北村厚さんが（リオリエント）をキイ語として展開、●一帯一路は羽根次郎さんがポストモダン云々ではなく、（現代と超現代）を駆使してアジアを特化し、イマを描いているのは流石でした。

　紙数に限りがあるので、いずれに焦点を当てるかに迷いましたが、●杉本舞さんが描く（ＡＩ）と、北村厚さんの（リオリエント）に眼を向けます。
　それは、深圳が中国のイマを象徴しているからです。ただ（リオリエント）については、池田信夫さんが〔アジア時代のグローバル・エコノミー〕として、すでに氏のblogで触れております。それには、（要約）：「グローバルにアジアの実態を視れば、文明の規模においても水準においても富においても、世界史の上から18世紀までの大部分の文明の最先端が、中国であることは自明であり、今、（リオリエント）を謳うのは、むしろ遅いぐらいであり、それが（一帯一路）に重なる中国の意図も解るところですと」。

　ＡＩについて、杉本舞さんが「専門家の夢と非専門家の夢の摺り合わせ」と、やや長いキイ語によって纏めていますが、深圳に向かう前に下調べの意味もあり「シンギュラリティーにっぽん」の"こばやし・よしみつ氏"の発言に沿って考えますと、杉本舞さんが「専門家の夢と非専門家の夢の摺り合わせ」なる、やや長いキイ語の意味が見えてきます。そこで、聞き手が複数の方々に質問した、幾つかを取り上げ列記してみます。以下に要約します。

　①ＡＩの未来についてどうみますか。②人間がＡＩに置き換えられる時代が来ると思いますか？　③感情までＡＩは持つ時代が来るのでしょうか。④ＡＩを中心とした技術革新は社会にどんな変化をもたらすのでしょうか？　⑤社会の備えは？　⑥ただ、企業のグローバル化が進み、法人税の安い国で納税するため、富の再分配という国家の役割が揺らいでいますが如何？　⑦最低限の生活を保障するため、一定額を給付するベーシックインカム（ＢＩ）も必要だと思いますが？　⑧デジタルやＡＩの世界は国の形も変えるのでしょうか？　⑨企業も社会も国家も変革を迫られる時代が来たといえそうです。

確かに経済人のトップグループの応答が正直に表れています。正直と云うのは、経済人の立場・視点からの意味です。一方の私が拠り所とする立場は単純です。かつて拙訳／エルンスト・レッドガー（1899-1968）著『木による造形』の核となる自然に馴染みつつデザインする論理に重なる倫理でした。それは天然の木材を鉋（カンナ）にて削る際、ナライ目なら鉋の刃は抵抗なく木材を削ることが出来ますが、逆目の場合は、そう簡単には切削が出来ません。レッドガーは、この事態を（自然が復讐する）と云い放っています。実に明快です。將に端的な例であり、したがって（逆目を切削する場合は裏刃【ウラバ】をセットして対応する）のですが、それは自然のありようへの僅かな対処方法に過ぎないと思うのです。

　ところで、先述したデジタル最先端都市、中国・深センのスマートステーションでは、「顔認証」、「セキュリティロボット」の具体化に並んで今、最も注目されているテクノロジーのひとつ「5Ｇ＋ＡＩ」へ眼を向けているそうです。深センの地下鉄が率先して「5Ｇ＋ＡＩ」を配置し始めた事例などは、スマートシテイと相まって、自然の仕組みとはますます距離を持つことになりそうです。ここで、東京の現実に眼を向け、NHK／「巨大鉄道網　秒刻みの闘い」と題した、2019年6月29日（土）にテレビ放映の映像報道を次にシェアします・・・・・。

　　東京を訪れる外国人の誰もが目を見張るのは、首都圏の鉄道路線図の複雑さである。148の路線、1700もの駅、全長数千キロを、分刻み秒刻みで電車が走る。過密ダイヤでありながら、事故は少なく安全。数分でも遅れれば、遅れを詫びるアナウンスが流れる。訪れる誰もが、東京の鉄道の複雑さと正確性へのこだわりに驚嘆する。

　　私たちは、鉄道運行の心臓部、ＪＲ東日本の「総合指令室」に初めてカメラを入れることが許された。全国から東京暮らしの新顔が集まり"東京一極集中"が極まる春先、モンスターのような人の流れに立ち向かう、鉄道マンの苦闘を見つめる。また、番組ナビゲーターの佐藤健が、首都圏の鉄道の正確さへのこだわりを体感するために、実際の鉄道ダイヤを使った謎解きゲームに挑戦する。ＪＲ京浜東北

線、山手線、東海道線、京浜急行などを乗り継いで、ゴールで待っていたのは…以下略。

※私も初めての視聴であったが、これほどまでに東京の地下交通網が錯綜しており、あたかも**"人間の脳細胞"**のように思われ、これは中国・深センのありようとは対極をなすものとの印象をもちました。

両者のいずれが、人間にとって最適の計画の方向なのでしょうか？　あるいは、両者とも必要なのでしょうか？　「経済や社会システムをどう変革するのか」を人類に突きつけているのが、今の時代のような気がするのです。

（宮脇）

11. 謝辞も含めて／Report

佐藤昌彦

宮脇　理

100均（100円ショップ）の里・義烏と古都・洛陽を訪ねることができましたのは、日本や中国の多くの皆様のおかげです。心より感謝申し上げます。

　今回の訪問の意図は、「はじめに」でも触れましたように、"リオリエント"の方向へ進む中国で何が起こっているのか、特に世界的な日用雑器取引の中心地である義烏で何が起こっているのか、という問いに答えることにありました。

　ものづくりの基本となる日用雑器の発信地である義烏でのものづくりやものづくり教育の状況を把握することは、今後の日本のものづくり教育を構想する上での貴重な資料を提示することになります。中華文明の発祥地である洛陽の訪問は、中国の歴史や伝統文化を踏まえて、義烏でのものづくりやものづくり教育を考察するための基盤になると考えました。

　なお、「8．これから・・・・次は？・・・・・」で取り上げた中国のシリコンバレーとも呼ばれる深圳（シンセン）の訪問は、2020（令和2）年以降に行う予定です。

　義烏や洛陽の訪問も含めて、全体としての世界の中で日本の次世代ものづくり教育を考えるために、これまでにもフィンランド（2014年9月）やイタリア（2018年6月）を訪問しました。

　フィンランド訪問に関わる内容の一端は、『ものづくり教育再考―戦後（1945年以降）ものづくり教育の点描とチャールズ・A・ベネット著作の抄訳―』（著・抄訳：佐藤昌彦、解説：宮脇 理、学術研究出版、2018）に記しました。

　イタリア訪問の成果については、第41回美術科教育学会北海道大会（2019.3.26）において、「ダ・ヴィンチ："五千枚の手記"に視る『科学からアートへ・アートから科学へ』の構想世界」（佐藤昌彦・北海道教育大学、渡邊晃一・福島大学、宮脇 理・Independent Scholar/元・筑波大学）という題目で発表しました。

　全体としての世界的な視野から考えることに関して、アンドレ・グンダー・

フランク著、山下範久訳『リオリエント アジア時代のグローバル・エコノミー』(藤原書店、2001) には以下のように記されています。

> 木を見る (そして究める) 者から、森を見る (そして究める) 者へ(「日本語版への序文」より)。

> 本書において私は、既存のヨーロッパ中心的な歴史著述および社会理論を、「グローバル学」的〔globological〕(この語はアルバート・バーゲセンの1982年の論文からとった) パースペクティブを用いて転覆しようと思う。世界を包括するグローバルなパースペクティヴから、近世経済を見ようというのである(「まえがき」より)。

一つの小片であっても、それがジグソーパズルに描かれた絵や印刷された写真の一部であることがわかれば、大きな意味をもつことになります。全体としての世界の中で日本のものづくり教育を考えることは、その意味を明確にすることにつながっていきます。さらに言えば、ものづくり教育によってどんな人間を形成していくのか、という根本的な教育理論を構築していくことにもなるでしょう。

次に予定している深圳訪問を通して、ものづくりによる教育の未来像をより明確にしていきたいと思います。

最後になりましたが、義烏や洛陽の訪問でお世話になった皆様にあらためて御礼を申し上げます。

100均の里・義烏に関しては、仮谷宣昭氏 (北海道教育大学 国際交流・協力センター 学務部・国際課副課長) とMr.XI Linping氏 (中国・浙江省国家外国専家局・副局長) に、学校訪問の貴重な機会をつくっていただきました。また、松村 勉氏 (日本義烏友好協会・理事長)、傳 晶亮氏 (株式会社グローバルトゥエンティワン義烏事務所・所長)、孫 勝昔氏 (日本義烏友好協会義烏事務局・局長) には、福田市場訪問についての具体的なアドバイスをいただきました。そして、義烏市国際部、義烏市教育局、塘李小学校、稠州中学校、義烏

工業デザインセンター、義烏工商学院の皆様には、義烏のものづくりやものづくり教育についてたくさん教えていただきました。

　若林矢寿子社長（株式会社ボンテン）には、義烏滞在中、福田市場、ものづくりに関わるメーカー（工場）、新しく建設されたショッピングセンター、国際的なホテルなど、義烏の発展の様子を知ることができるいろいろな場所へご案内していただきました。また、経営者としての長年にわたる義烏でのご経験に基づいて今後のものづくり教育に関する貴重な指針を示していただきました。

　古都・洛陽の訪問に関しては、徐 英杰氏（上海・華東師範大学・専任講師）とともに徐氏のご家族にたいへんお世話になりました。今回の中国訪問の初日（2019.4.22）から最終日（2019.4.29）まで充実した時間をもつことができましたのは、全日程にわたって徐氏に様々なお気遣いをいただいたおかげです。高速鉄道の予約、航空機やホテルの手配などについてのご配慮もいただきました。

　本書の出版に関しましては、学術研究出版／ブックウェイの湯川祥史郎氏と瀬川幹人氏に多大なご配慮をいただきました。学術研究出版／ブックウェイ（小野高速印刷株式会社）の皆様には、これまでにも『アートエデュケーション思考』(2016)、『ものづくり教育再考』(2018)、『次世代ものづくり教育研究』(2019) の出版でたいへんお世話になりました。あたたかいお心遣いに深く感謝申し上げます。

（佐藤＋宮脇）

資　料

【資料①】 allcinema ほかから参照とシェア

●【モダン・タイムス(1936)／ MODERN TIMES】
上映時間87分／製作国・アメリカ／公開年月／ 1938年2月9日
●【解説】
　「街の灯」に次ぐチャールズ・チャップリン主演映画で、例の如く彼自ら脚本を書き監督制作したもので、作曲も彼自らしている。カメラは専属のローランド・トセローと「偽者紳士」のアイラ・モーガンが協力、例によってチャーリーは物言わず、歌を歌うのみで、他の台詞も音響効果的に使われる。相手役は彼の新妻ポーレット・ゴダードが勤め助演者は、チャールズ・ホールと共に助監督を勤めているヘンリー・バーグマンを始めチェスター・コンクリン、アラン・ガルシア、ハンク・マン等の面々である。
●【ユーザー評価・例】
・文明批判というよりは、人生応援歌だと思う。チャップリンがポーレット・ゴダードに"Smile"と話しかけ遥かに続く道を手を取り合って進んでゆく2人の未来を暗示する終わり方は、2人の演技の妙も相まって最高だ。泣けてきました。大ネタ小ネタで観客を喜ばせ続けるチャップリンももちろんいいけど、・・・名作。
・プロローグの工具たちの出勤の場面はフリッツ・ラングの「メトロポリス」からパクったようだが、工場の巨大なセットは素晴らしく、工場と監獄で展開されるギャグの数々は、チャップリンという人の底知れぬ天才を感じさせる。
・頑なにサイレントに拘ったチャップリン。確かに、無駄話に付き合わされたり、言葉攻めに会うトーキー映画より、こういった洗練された無声映画の方がずっといい。実際、ここまでの境地に達していたからこそ、尚更トーキーに踏み切れなかったのだと思う。後の有声映画より「黄金狂時代」等の無声映画の方がチャップリンの評価が高いのはよく分かる。この作品は世界中がトーキー映画に移行した1936年という時期の製作。
　最小限の音声。最小限の字幕。最大限の風刺とペーソス。幾つかのエピ

ソードに時代感があること、無声ならではの編集に雑多感があるのは仕方ないが、決して頭でっかちの芸術ではない芸人の意地で磨き上げた名作だ。

（宮脇）

【資料②】 NHK 連続テレビ小説『おしん』

　NHK 連続テレビ小説『おしん』のなかで、「かて切り」を使用するシーンは以下の DVD に収録されています。

　＊かて切り…大根を細かく刻むための生活用具

■NHK 連続テレビ小説『おしん』完全版 DVD 第 1 巻・第 5 回
発行・販売元：NHK エンタープライズ　2013

■フリー百科事典『ウィキペディア（Wikipedia）』には以下のように記載されています。

　『おしん』は、1983 年（昭和 58 年）4 月 4 日から 1984 年（昭和 59 年）3 月 31 日まで放送されていた NHK 連続テレビ小説第 31 作。8 月 15 日から 8 月 20 日までの 6 日間は『もうひとりのおしん』放送につき中断、NHK の連続テレビ小説では『鳩子の海』以来の 1 年間放送となった。全 297 話。NHK テレビ放送開始 30 周年記念作品。

【物語】
　1983 年（昭和 58 年）新春、北へ向かう列車の中である老婦人が座っていた。彼女の名は田倉（たのくら）しん。三重県志摩半島各地に 16 店舗を構えるスーパーマーケットチェーンの経営者であった彼女は、新店舗開店という記念すべき日に行方を眩ましてしまった。一族が騒然とする中、おしんとは血こそ繋がらないものの、孫同然の間柄である大学生・八代圭（やしろ けい）は昔、おしんが語ってくれた思い出話を頼りに、山形県の銀山温泉へ捜索の旅に出る。その地でおしんを探し当てた圭は、今すぐ三重へ戻るよう説得するも、おしんは帰ろうとせず、山形の山奥にある廃村に行こうとしており、話を聞かない。だが圭はおしんの願いを叶えてあげたいという気持ちになり、彼女をおぶって雪深い山道を進み、廃村へと辿り着いた。そこがおしんの生まれ故郷であり、雪の中で廃屋となっていた我が家を見たおしんの眼には涙が浮かんでいた。そうして、おしんは圭にこの家出が 80 年以上の人生で自分は一体何を得て、何を失ってしまったか。また、自分のことだけしか考えない経営方針に突き進む息子・仁（ひとし）を、どこでそういう息子にしてしまったのか、を振り返るための旅だと打ち明ける。

出典 https://ja.wikipedia.org/wiki/ おしん

【資料③】 生活用具「かて切り」

　2019年6月16日（日）、NHK連続テレビ小説『おしん』に登場する生活用具「かて切り」の切る仕組みを調べるために、山形県中山町歴史民俗資料館を訪問しました。山形県中山町は、おしんの生家撮影地になったところです。

山形県中山町歴史民俗資料館

　かて切りは、大根飯（かて飯）をつくるための道具です。一つの動作で大根を細かく裁断することができます。東北各地の資料館や博物館の資料を見ると、糅切（かてきり）、カデキリ、ダイコン切り器、大根切り機、カデ切り器などとも記載されているものです。

　資料館の中に入ると、「おしん」を演じた3人の写真とともに、様々な生活用具が展示されていました。

山形県中山町歴史民俗資料館に展示されている生活用具

大根を細かく刻むための生活用具〈かて切り〉

そうした生活用具のなかに「かて切り」も展示されていました。

かて切り

　「かて切り」の切る仕組みについては、髙橋 昌敏氏（中山町教育委員会）と村山 聡氏（中山町教育委員会）に教えていただきました。一つの動作で大根を細かく裁断する順序は次のとおりです。

　１．大根の表面に小さい刃で切り込みを入れます
　２．もう一か所に取り付けた小さい刃で切り込みを入れます
　３．上部に取り付けた包丁のような刃で、大根の切り口にできたひし形を
　　　切り落とします

　以上の３段階が、握りを下におろすという一つの動作で自動的に行われることになります。

大根の表面に切り込みを入れる小さい刃

ひし形状に切り込みを入れるためのもう一つの刃とそのひし形を切り落とすための包丁のような刃

握りの上部の隙間から、細かく切り取られた大根が出てきます

実際に、大根を切っていただきました。

　１．右手で握りの部分をつかみます
　２．左手で大根の切り口を奥にある板に押しあてます

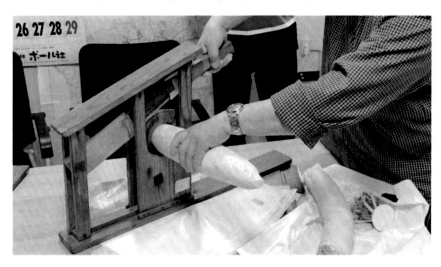

　３．握り部分を下にさげます
（奥の板についている刃が大根に切れ込みを入れます）

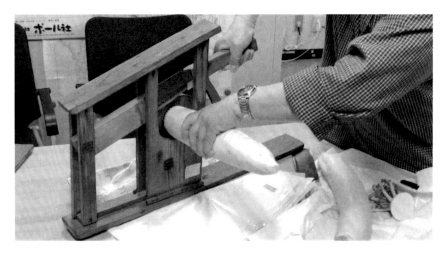

４．握り部分を一番下までさげます

（①握り部分の先にある刃が大根に切れ込みを入れます。②握り部分の先にある包丁のような刃が大根の先にできた小さなひし形を切り落としま す）

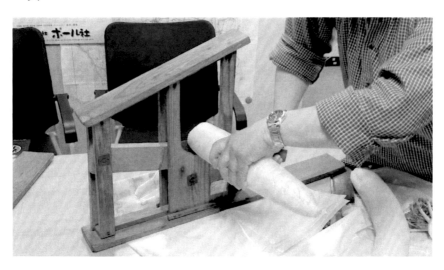

握り部分の先にある隙間から、米粒大に細かく裁断された大根が出てきま す。

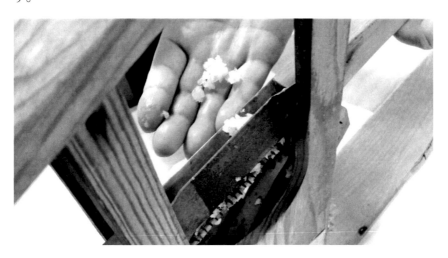

かて切りの裏側

米粒大に裁断された大根

下の写真は、現在（2019. 6）の中山町の水田の様子です。髙橋昌敏氏によると、明治20年ごろまでは、水の便が悪く、米がなかなか取れなかったそうです。最上川の上流から、用水路によってようやく水を引くことができるようになったのは、明治21年ごろとのことでした。

現在の中山町の水田の様子（2019.6.16撮影）

（佐藤）

【資料④】 池田信夫の blog 参照、2013 年 07 月 07 日 09:30
連続講義・デフレと経済政策—アベノミクスの経
済分析

　池田信夫氏は、リオリエント〔アジア時代のグローバル・エコノミー〕について、中国やインドなどを「新興国」と呼ぶのは間違いである。と、まずは述べ、続けて・・・「文明の規模においても水準においても富においても、18 世紀まで歴史の大部分で世界の最先進国は中国であり」と、次いで「西洋がその地位を奪ったのはここ 250 年ぐらいのことにすぎない。そしてその束の間の優位も、もしかすると終わり、世界の中心は再びオリエントに戻りつつあるのかもしれない (それが題名の意味) である」としています。

　そして下記の幾つかに「なぜ？と経緯」を付している。

　①「なぜその中国が先進国の座を西洋に奪われたのか」。②・・・・中略・・・・・・③「中国には西洋よりはるかに高度な市場経済があり、技術も発達していた。平和で税率も低く、国家としても安定していた」。④「西洋が逆転できた最初の原因は？、中国の成熟と没落だった」⑤・・・・・・・後略・・・・⑥「いまや逆転の期の到来・・・・リオリエント」

　なお、リオリエントについては、「グローバル　ヒストリー」として北村厚氏が『現代思想 43 のキーワード』(草土社) でも執筆しています。

(宮脇)

【資料⑤】 ドキュメンタリー映画「あめつちの日々」

　沖縄・北窯の親方たちが追究している器づくりの世界は、ドキュメンタリー映画「あめつちの日々」で紹介されています。

　以下の文章は、ドキュメンタリー映画「あめつちの日々」の公式サイトに掲載されているものです。

■ドキュメンタリー映画「あめつちの日々」
■2015年　日本映画　カラー　92分　ステレオ
■川瀬美香監督作品

土に根っこをおろし、伝統を未来につなぐ。
沖縄本島・読谷村の陶工・松田米司と、しまんちゅたちの物語。
沖縄の焼物には無限の魅力がある。

　陶工たちは自然と向き合い、体を駆使し、島の土はうつわになる。
　個人はいらない。ひたすら手を動かせば、沖縄の色、模様、形になる。暮らしを潤すものになる。
　1972年の沖縄本土復帰後、文化を旗印に再生した沖縄本島・読谷村。
　かつての不発弾処理場は、沖縄文化を象徴する〝やちむんの里〟として生まれ変わった。
　そして '92年、松田米司ら4人の若者が夢を託した北窯が、5年の歳月をかけて誕生。
　古き良き沖縄の姿をとどめるその窯は、健やかに力強く「今」が鼓動している。

（http://essay.tokyo/tsuchi/ametsuchi.html より）

下の写真は、2017年4月に沖縄・北窯を訪問したときのものです。北窯の親方の1人、松田米司氏に新刊書『アートエデュケーション思考─Dr.宮脇理88歳と併走する論考・エッセイ集─』（監修：宮脇 理、編著：佐藤昌彦、山木朝彦、伊藤文彦、直江俊雄、学術研究出版／ブックウェイ、2016）を手渡しました。

沖縄・読谷山焼北窯訪問（2017.4）─4人の親方（左側）、宮脇 理（右側）─
＊4人の親方…松田米司氏（松田米司工房）、松田共司氏（松田共司工房）、宮城正亨氏（宮城正亨工房）、與那原正守氏（與那原正守工房）

映画「あめつちの日々」は、これまでに東京や沖縄など、全国各地で上映されています。幾つかを下に記載しました。

■東京都 渋谷シアター・イメージフォーラム
　2016年5月7日〜6月10日
　＊宮脇 理は、渋谷シアター・イメージフォーラムで映画「あめつちの日々」
　　を観ました。
■沖縄県 那覇市「桜坂劇場」
　2016年6月4日〜7月22日
■沖縄県 沖縄市「シアター・ドーナツ」
　2017年3月2日〜5月31日
　＊佐藤昌彦と徐 英杰は、沖縄市「シアター・ドーナツ」で映画「あめつちの
　　日々」を観ました。
　　　　　　　　　　　　　　　　　　　　　　　　　　　　　　（宮脇）

＊金頂道観…写真は朱 彦北氏（写真撮影者）に提供していただきました。
　　　　　　表紙と本文への写真掲載については、徐 英杰氏を通して事前
　　　　　　に承諾を得ました。

【執筆者一覧】

宮脇　理（ミヤワキ オサム）1929（昭4）年：日本国・東京・四谷生

- ■Independent Scholar、元・筑波大学大学院教授他
- ■博士（芸術学・筑波大学1992）
- ◎詳細はWikipediaに掲載
- ◎主な著書・訳書
- ○宮脇 理『工藝による教育の研究―感性的教育媒体の可能性―』建帛社、1993
- ○ハーバート・リード著、宮脇 理・岩崎 清・直

江俊雄訳『芸術による教育』フィルムアート社、2001
- ○エルンスト・レットガー著、宮脇 理訳『土による造形 造形的手段による遊び3』造形社、1977
- ◎受賞
- ○瑞宝中綬章（叙勲伝達式：2016年11月10日）

佐藤　昌彦（サトウ マサヒコ）1955（昭30）年：日本国・福島・飯坂生

- ■北海道教育大学教授
- ■博士（学校教育学・兵庫教育大学大学院連合2016）
- ◎詳細は北海道教育大学研究者総覧に掲載
- ◎主な著書・訳書
- ○佐藤昌彦『次世代ものづくり教育研究』学術研究出版／ブックウエイ、2019
- ○佐藤昌彦著・抄訳、宮脇 理解説『ものづく

り教育再考』学術研究出版／ブックウエイ、2018
- ○宮脇 理監修、佐藤昌彦、山木朝彦、伊藤文彦、直江俊雄編著『アートエデュケーション思考』学術研究出版／ブックウエイ、2016
- ◎併任
- ○北海道教育大学附属札幌中学校・校長（2012年4月〜2016年3月）

徐　英杰（ジョ エイケツ）1987年：中国・洛陽・栾川生

- ■華東師範大学美術学院講師（中国・上海）
- ■博士（芸術学・筑波大学2017）
- ◎詳細は華東師範大学美術学院教員総覧に掲載
- ◎主な著書・訳書
- ○徐英杰「中国の師範大学における美術教員養成の分析」（分担執筆）『アートエデュケー

ション思考』学術研究出版／ブックウエイ、2016、pp19-26
- ◎受賞
- ○第13回『美術教育学』奨励賞（2016年、美術科教育学会）

若林矢寿子（ワカバヤシ ヤスコ）1952（昭27）年：日本国・滋賀・近江八幡生

- ■株式会社　ボンテン　代表取締役社長
- ◎詳細は株式会社ボンテン・天遊のホームページに掲載
- ◎concept（楽しみながら目指すものづくりの心）
- ○感謝・感心・感動の三感　○ビフォアサービス・インナーサービス・アフターサービスの三サービス　○現場・現物・現実の三現主義

- ○夢・ビジョンは自分をエネルギッシュにする。そして奇跡を起こす。
- ◎受賞
- ○インターナショナルギフトショー新商品コンテスト準大賞（ライトテラピーBOX、2007年）
- ○日本観光振興会理事長賞・会長賞他（ミニてんてん玉・福福笑いふろしき他、2013〜2018年）

214

中国100均の里・義鳥と古都・洛陽を訪ねて
　　（100円ショップ）

2020年1月1日初版第一刷発行

　　　　　　　　　　著　者　宮脇　　理
　　　　　　　　　　　　　　佐藤　昌彦
　　　　　　　　　　　　　　徐　　英杰
　　　　　　　　　　　　　　若林矢寿子

　　　　　　　　　発行所　学術研究出版／ブックウェイ
　　　　　　　　　〒670-0933　姫路市平野町62
　　　　　　　　　TEL.079 (222) 5372　FAX.079 (244) 1482
　　　　　　　　　https://bookway.jp

　　　　　　　　　印刷所　小野高速印刷株式会社

　　　　　　　　　©Osamu Miyawaki, Masahiko Sato, Yingjie Xu,
　　　　　　　　　Yashuko Wakabayashi 2020, Printed in Japan
　　　　　　　　　ISBN978-4-86584-437-5